コーポレート
ガバナンス・コードの
実務対応Q&A

PwCあらた監査法人【編】

中央経済社

は じ め に

　2014年6月に閣議決定された『「日本再興戦略」改訂2014―未来への挑戦―』では，10の施策の一番目に，「日本の稼ぐ力を取り戻す」としてコーポレートガバナンスの強化が掲げられ，ここで示されたロードマップに基づいて，その後，金融庁と東京証券取引所を共同事務局とした有識者会議によってコーポレートガバナンス・コードの策定が進められた。この有識者会議の結果として，2015年3月5日に公表されたコーポレートガバナンス・コード原案は，同年5月13日に東京証券取引所の上場規則改定の中に取り込まれ，上場企業は同年6月1日以降，コーポレートガバナンス・コードの適用が求められることになった。

　有識者会議による検討開始から1年足らずというスピードでわが国に初めて導入されることになったコーポレートガバナンス・コードであるが，各企業は戸惑いを見せつつも，それぞれの状況に応じて取組みを進めているものと思われる。上場規則では，コーポレート・ガバナンス報告書の提出期限が，コーポレートガバナンス・コード導入初年度の今回に限り株主総会後6カ月後まで猶予されるにも関わらず，任意でコーポレート・ガバナンス報告書を早期提出する企業も三百数十社を数える状況である。現在までに開示された各社のコーポレート・ガバナンス報告書を読むと，対応姿勢や開示内容やコードの各原則の解釈にばらつきが見られ，「プリンシプル・ベース」への対応の難しさも窺える。本書は，これからコーポレート・ガバナンス報告書を提出する企業，また来期以降のコーポレートガバナンス・コードへの対応を継続的に検討する企業が，コーポレートガバナンス・コードが規範として示そうとしている各原則の背景や意味を，正しい方向で理解することの一助になることを意図したものである。コーポレートガバナンスへの取組みは，状況に応じて会社ごとに工夫されるべきものであり，むしろ一律の対応は望ましいものとは言えないが，共通して重要と考えられるポイントを挙げておきたい。

ビジネスモデル・経営戦略との関連が重要であること
　　トップマネジメントの主体的な取組みが求められること
　　部門横断的・全社的取組みが必要であること
　　コーポレートガバナンス・コードの各原則の背景を理解すること
　　海外事例を参照すること
　　投資家の視点を考慮すること

　コーポレートガバナンス・コードには全部で73の原則が示されているが，これらを個別に捉えてチェックリスト的な対応を拙速に行うのではなく，十分な時間をかけて，自社にとって最適なガバナンスのあり方を検討することが求められている。その結果として，投資家との対話のために開示されるコーポレートガバナンスに係る情報には，自社のビジネスとの関連で「ストーリー」が語られたものであることが望まれる。投資家との建設的な対話の促進に際しては，企業のビジネスモデル，価値創造プロセス，経営戦略や重点課題などを示した上で，これらを支える自社のガバナンスモデルを説明することが有用であろう。

　冒頭で触れた「日本再興戦略」は，2015年6月に二度目の改訂が行われ，『「日本再興戦略」改訂2015―未来への投資・生産性革命―』として公表されている。この日本再興戦略改訂2015においても，「攻め」のコーポレートガバナンスの更なる強化が引き続き取り上げられており，あわせて投資家に対する企業情報開示の在り方の見直しを行い，企業と投資家の建設的な対話の促進を進めることが施策として掲げられている。

　コーポレートガバナンス・コードが規範として示す方向に向け，わが国企業のガバナンス向上の取組みが進み，また企業と投資家との建設的な対話の基礎となるような積極的な企業情報開示が定着するためには，各企業における継続的な検討・努力に加えて，投資家サイドの姿勢の変化，開示状況の継続的なモニタリング，独立取締役の人材育成，外部アドバイザーの充実など，さまざまな課題への取組みが必要と思われる。

　本書の執筆は，PwCあらた監査法人のコーポレートガバナンス・コード導入支援チームのメンバーが担当し，小林が全体の調整を担当した。本書の中の

意見に係る部分は執筆担当者の個人的見解である。

　本書が，各企業におけるガバナンス向上の取組みを担う経営者・各部門担当責任者の方々のお役に立つことを願っている。

　2015年11月

　　　　　　　　　　　　PwCあらた監査法人　パートナー　**小林昭夫**

目　次

第1章　コーポレートガバナンス・コード導入の背景

Q-1 【コーポレートガバナンス・コードにかかわるキーワード】
コーポレートガバナンス・コードに対応するために知っておくべきキーワードを教えてください。 ……………………………………… *1*

Q-2 【コーポレートガバナンス・コード導入の背景】
なぜコーポレートガバナンス・コードが導入されたのでしょうか。 ……………………………………………………………………… *2*

Q-3 【伊藤レポートとは】
伊藤レポートとは何でしょうか。 ………………………………… *6*

Q-4 【日本版スチュワードシップ・コードとは】
日本版スチュワードシップ・コードとは何でしょうか。 ………… *8*

Q-5 【コーポレートガバナンス・コードに関連する会社法改正の趣旨】
コーポレートガバナンス・コードに関連する会社法改正の趣旨は何でしょうか。 ………………………………………………… *13*

Q-6 【JPX日経インデックス400とは】
JPX日経インデックス400とは何でしょうか。 ………………… *14*

第2章　コーポレートガバナンス・コードの概要

Q-7 【コーポレートガバナンスの定義】
コーポレートガバナンスとはどのような意味でしょうか。……… *19*

Q-8 【OECDコーポレート・ガバナンス原則とは】
コーポレートガバナンス・コードの策定のベースとなったOECDコーポレート・ガバナンス原則とはどのようなものでしょうか。 ………………………………………………………… *22*

Q-9	【「攻めのガバナンス」とは】	
	よく「攻めのガバナンス」と聞きますが，どのような意味でしょうか。	24
Q-10	【コーポレートガバナンス・コードとスチュワードシップ・コードの関係】	
	コーポレートガバナンス・コードとスチュワードシップ・コードとはなぜ「車の両輪」と言われているのでしょうか。	25
Q-11	【コーポレートガバナンス・コードの構成】	
	コーポレートガバナンス・コードの構成を教えてください。	26
Q-12	【原則主義（プリンシプルベース・アプローチ）とは】	
	原則主義（プリンシプルベース・アプローチ）とは何でしょうか。	29
Q-13	【コンプライ・オア・エクスプレインとは】	
	コンプライ・オア・エクスプレインとは何でしょうか。	30
Q-14	【エクスプレインする際の留意点】	
	エクスプレインする際の留意点を教えてください。	32
Q-15	【コーポレートガバナンス・コードの策定に伴う東京証券取引所の有価証券上場規程等の一部改正の概要】	
	コーポレートガバナンス・コードの策定に伴う東京証券取引所の有価証券上場規程等の一部改正の概要を教えてください。	33
Q-16	【適用対象会社】	
	コーポレートガバナンス・コードが適用される対象会社を教えてください。	35
Q-17	【適用開始日】	
	コーポレートガバナンス・コードが適用される開始日を教えてください。	37
Q-18	【コーポレートガバナンス・コード改訂の可能性】	
	コーポレートガバナンス・コードが改訂される予定はあるのでしょうか。	38
Q-19	【適用のための5ステップ】	
	コーポレートガバナンス・コードを適用するために，どのような対応が必要でしょうか。	39

Q-20 【コーポレートガバナンス・コード適用の担当者】
コーポレートガバナンス・コードを適用するために対応すべき
担当者は誰でしょうか。……………………………………………… *41*

Q-21 【適用初年度の留意点】
コーポレートガバナンス・コードの適用初年度で留意すべき点
を教えてください。…………………………………………………… *44*

Q-22 【「スチュワードシップ・コード及びコーポレートガバナンス・コードのフォローアップ会議」の概要】
「スチュワードシップ・コード及びコーポレートガバナンス・
コードのフォローアップ会議」の概要を教えてください。……… *46*

Q-23 【コーポレート・ガバナンス報告書の提出状況】
コーポレート・ガバナンス報告書の提出状況を教えてください。… *48*

第3章　基本原則1　株主の権利・平等性の確保

Q-24 【「相当数の反対票」とその対応方法】
相当数の反対票とはどの程度の反対票数を意味すると考えれば
よいでしょうか。また、反対票の原因分析後にどのような対応
が考えられるでしょうか。…………………………………………… *51*

Q-25 【取締役会に委任された総会決議事項とエクスプレインの関係】
一部のコーポレートガバナンス・コードについてコンプライす
るのに相当の準備期間を要するためエクスプレインする会社の
場合、従来取締役会に委任していた総会決議事項は、一旦株主
総会に戻す必要があるでしょうか。………………………………… *53*

Q-26 【少数株主を保護するために導入されている仕組み】
少数株主の権利行使の確保について課題や懸念が生じないよう、
少数株主を保護するためにどのような仕組みが導入されている
でしょうか。…………………………………………………………… *54*

Q-27 【株主総会で株主が適切な判断をするための情報提供の方法】
株主総会において株主が適切な判断を行うことに資すると考え
られる情報は、株主総会の招集通知の発送以外にどのような提

供方法が考えられるでしょうか。……………………………………… 55

Q-28 【株主総会招集通知の早期発送の考え方】
株主総会の招集通知の早期発送とありますが，具体的には会社法で定める法定の発送期限よりもどれくらい早めればよいでしょうか。……………………………………………………………………… 56

Q-29 【株主総会開催日に関する留意点】
株主総会開催日を適切に設定すべきとありますが，具体的にはどのようなことを考慮する必要があるでしょうか。……………… 58

Q-30 【議決権電子行使プラットフォームの概要と参加する際の留意点】
議決権電子行使プラットフォームとはどのようなものでしょうか。参加する際の留意点を教えてください。また，現在，どの程度の会社が採用しているのでしょうか。……………………… 59

Q-31 【株主総会招集通知の英訳を準備する必要性】
現状，招集通知の英訳を行っていませんが，コーポレートガバナンス・コード適用後の定時株主総会の招集通知から英訳を準備する必要があるでしょうか。………………………………………… 60

Q-32 【名義株主でない機関投資家等の議決権行使の希望等への対応】
信託銀行等の名義で株式を保有する機関投資家等による株主総会における議決権の代理行使に備えて，どのようなことを検討する必要があるでしょうか。………………………………………… 62

Q-33 【資本政策の基本的な方針についての説明方法】
資本政策の基本的な方針について説明を行うべきとありますが，具体的にはどのような形で説明を行うことが考えられるでしょうか。……………………………………………………………………… 63

Q-34 【政策保有株式に関する方針の説明方法】
政策保有に関する方針を開示すべきとありますが，具体的には，どのような形で説明することが求められるでしょうか。………… 64

Q-35 【買収防衛策の株主への説明方法とそのタイミング】
買収防衛策についての株主への説明は，具体的にはいつ，どのような方法で実施されることが考えられるでしょうか。………… 66

Q-36 【支配権の変動や大規模な希釈化をもたらす資本政策とは】
支配権の変動や大規模な希釈化をもたらす資本政策とは，例示されている増資，MBO以外にどのようなものが考えられるで

目　次　V

Q-37　【関連当事者間の取引に係る開示内容】
関連当事者間の取引を行う場合，取引の重要性やその性質に応じた適切な手続を定めてその枠組みを開示する必要がありますが，具体的にはどのような開示を行うことが考えられるでしょうか。………………………………………………………………… *68*

Q-38　【有価証券報告書の関連当事者情報に追加して開示すべき内容】
有価証券報告書の関連当事者情報において，関連当事者取引に係る開示が行われていますが，この開示のみで十分でない場合，具体的にはどのような開示が必要になると考えられるでしょうか。………………………………………………………………… *69*

第4章　基本原則2　株主以外のステークホルダーとの適切な協働

Q-39　【ESG問題とは】
ESG（環境，社会，統治）問題とは何でしょうか。……………… *72*

Q-40　【行動準則の浸透程度】
行動準則が国内外の事業活動の第一線にまで広く浸透し，遵守されるようにすべきとありますが，どの程度まで浸透させるべきでしょうか。……………………………………………………… *73*

Q-41　【行動準則のレビューとJ-SOXにおける全社的な内部統制との違い】
取締役会によって行われる行動準則のレビューは，金融商品取引法に基づく財務報告に係る内部統制監査（J-SOX）における全社的な内部統制（CLC）とは異なるものなのでしょうか。…… *74*

Q-42　【行動準則のレビューの頻度】
行動準則のレビューの頻度は，1年に1回，もしくは数年に1回で十分でしょうか。海外子会社も含め，循環棚卸のようなレビューを考えています。……………………………………………… *75*

Q-43　【サステナビリティーとは】
社会・環境問題をはじめとするサステナビリティー（持続可能

性）とは何でしょうか。……………………………………… *77*

- **Q-44** 【サステナビリティーを巡る課題への対応策】
  サステナビリティーを巡る課題への対応として，具体的にはどのような対応が考えられるでしょうか。………………………… *79*
- **Q-45** 【女性の活躍促進が推し進められている海外の実例】
  女性の活躍促進を含む社内の多様性の確保に関し，女性の活躍促進が推し進められている海外の実例を教えてください。……… *80*
- **Q-46** 【「社内の多様性の確保」の判断基準】
  女性の活躍促進を進めることで，多様性を確保できたと言えるでしょうか。……………………………………………………… *82*
- **Q-47** 【内部通報に関する窓口の設置の具体例】
  内部通報に係る体制整備の一環として，経営陣から独立した窓口の設置を行う必要がありますが，社外取締役と監査役による合議体を窓口とする他にどのような対応が考えられるでしょうか。………………………………………………………………… *83*

第5章 基本原則3 適切な情報開示と透明性の確保

- **Q-48** 【非財務情報とは】
  非財務情報とは何でしょうか。…………………………………… *85*
- **Q-49** 【非財務情報の開示要素】
  非財務情報を開示する際，具体的には何を開示するとよいのでしょうか。………………………………………………………… *86*
- **Q-50** 【非財務情報の開示媒体】
  非財務情報を開示する際，具体的には何に開示するとよいのでしょうか。………………………………………………………… *89*
- **Q-51** 【リスク情報を開示する際の留意点】
  リスク情報を開示する際の注意点や留意点は何でしょうか。…… *90*
- **Q-52** 【ガバナンスに係る情報を開示する際の留意点】
  ガバナンスに係る情報を開示する際の注意点や留意点は何で

	しょうか。	91
Q-53	【リスク情報やガバナンスに係る情報以外の非財務情報を開示する際の留意点】	
	リスク情報やガバナンスに係る情報以外の非財務情報を開示する際の注意点や留意点は何でしょうか。	92
Q-54	【法令に基づく開示以外の情報提供への対応策】	
	法令に基づく開示以外の情報提供にも主体的に取り組むべきとありますが，具体的にはどのような情報提供，対応策が考えられるでしょうか。	93
Q-55	【株主との間の建設的な対話とは】	
	株主との間の建設的な対話とは，具体的にはどのようなものでしょうか。	95
Q-56	【有用性の高い非財務情報を開示するための方法】	
	開示する非財務情報が，正確でわかりやすく有用性が高いものにするために，どのような対応が必要でしょうか。	96
Q-57	【利用者にとって付加価値の高い情報開示とは】	
	情報の開示にあたり，ひな型的な記述や具体性を欠く記述を避け，利用者にとって付加価値の高い記載とする必要がありますが，付加価値の高い記載とはどのような記載なのでしょうか。	98
Q-58	【英語による情報開示を進めるうえでの「合理的な範囲」の判断基準】	
	自社の株主における海外投資家等の比率を踏まえ，合理的な範囲において英語での情報の開示・提供を進めるべきとありますが，合理的な範囲はどのように考えるのがよいでしょうか。	100
Q-59	【監査役会による外部会計監査人の評価基準の策定】	
	監査役会は，どのような外部会計監査人の評価基準を策定すればよいでしょうか。	101
Q-60	【監査役会による外部会計監査人が独立性と専門性を有しているか否かの確認方法】	
	監査役会は，外部会計監査人に求められる独立性と専門性を有しているか否かについての確認をどのように行うことが考えられるでしょうか。	103

Q-61 【外部会計監査人と監査役等の連携にあたり必要となる対応】
外部会計監査人と監査役,内部監査部門や社外取締役との十分な連携の確保にあたり,会議の開催記録や議事録の保管が求められるのでしょうか。また,連携の状況について開示が求められるのでしょうか。……………………………………………… 105

Q-62 【社外取締役と外部会計監査人によるコミュニケーションの必要性】
社外取締役と外部会計監査人とのコミュニケーションはなぜ必要なのでしょうか。……………………………………………… 107

第6章 基本原則4 取締役会等の責務

Q-63 【ROEが注目されている理由】
会社の持続的成長と中長期的な企業価値の向上の指標として自己資本利益率(ROE)が注目されているのはなぜでしょうか。… 110

Q-64 【中長期的な企業価値とは】
中長期的な企業価値とは具体的には何でしょうか。……………… 111

Q-65 【収益力・資本効率等の改善を図っていることの説明方法】
収益力・資本効率等の改善を図っていることをどのように伝えるべきでしょうか。……………………………………………… 112

Q-66 【監査役会設置会社,指名委員会等設置会社,監査等委員会設置会社の概要】
監査役会設置会社,指名委員会等設置会社,監査等委員会設置会社について教えてください。……………………………………… 115

Q-67 【コーポレートガバナンス・コードが取締役会規程に与える影響】
コーポレートガバナンス・コードは取締役会規程にどのような影響を及ぼすでしょうか。…………………………………………… 116

Q-68 【取締役会が経営陣に対する委任の範囲を定める際の留意点】
取締役会が経営陣に対する委任の範囲を定める際の留意点を教えてください。……………………………………………………… 118

Q-69 【経営陣幹部による適切なリスクテイクを支える環境整備とは】
経営陣幹部による適切なリスクテイクを支える環境整備とは,

	具体的には何でしょうか。……………………………………… *119*	
Q-70	【経営陣の報酬の決め方についての問題点】	
	経営陣の報酬の決め方について，何が問題となるのでしょうか。	
	……………………………………………………………………… *120*	
Q-71	【経営陣・取締役に対して実効性の高い監督を行っていることの説明方法】	
	経営陣・取締役に対し，実効性の高い監督を行っていることは，具体的にはどのように説明できるでしょうか。…………………… *123*	
Q-72	【監査役・監査役会が社外取締役と連携することが必要な理由】	
	監査役または監査役会が社外取締役と連携することが必要なのはなぜでしょうか。……………………………………………………… *124*	
Q-73	【独立社外取締役に期待される役割】	
	独立社外取締役に期待される役割とは何でしょうか。…………… *126*	
Q-74	【独立社外取締役が独立していることが重要な理由】	
	独立社外取締役は独立していることがなぜ重要なのでしょうか。	
	……………………………………………………………………… *127*	
Q-75	【独立社外取締役の数を2名以上とする意図】	
	独立社外取締役の数を2名以上とする意図は何でしょうか。…… *128*	
Q-76	【独立社外者のみを構成員とする会合の定期的な開催が必要な理由】	
	独立社外者のみを構成員とする会合の定期的な開催はなぜ必要なのでしょうか。……………………………………………………… *129*	
Q-77	【平成26年改正会社法の社外性要件と東京証券取引所の上場規則の独立性判断基準の違い】	
	平成26年改正会社法の社外性要件と東京証券取引所の上場規則の独立性判断基準の違いを教えてください。……………………… *130*	
Q-78	【統治機能の更なる充実を図るために活用すべき任意の仕組みとは】	
	統治機能の更なる充実を図るために活用すべき任意の仕組みはどのようなものが考えられるでしょうか。………………………… *132*	
Q-79	【取締役の選任に関する方針・手続の開示方法と程度】	
	取締役の選任に関する方針・手続について，どこまでどのように開示すべきでしょうか。…………………………………………… *133*	

Q-80	【取締役・監査役が他の上場会社の役員を兼任する場合の合理的な範囲】
	取締役・監査役が他の上場会社の役員を兼任する数はどの程度が合理的な範囲とされるでしょうか。……………………………… *135*
Q-81	【取締役会の評価への対応方法】
	取締役会の評価への対応方法を教えてください。また，第三者による評価は実施すべきなのでしょうか。…………………………… *136*
Q-82	【取締役会の評価の実務的な担当者】
	取締役会の評価は取締役会が行うことになっていますが，実務的には誰が行うべきなのでしょうか。………………………………… *138*
Q-83	【取締役会の評価のプロセスの開示の程度】
	取締役会の評価のプロセスは，どの程度開示すればよいのでしょうか。………………………………………………………………………… *139*
Q-84	【取締役会の評価の結果の開示の程度】
	取締役会の評価の結果は，どの程度開示すればよいのでしょうか。………………………………………………………………………………… *140*
Q-85	【取締役・監査役のトレーニングの内容・頻度の考え方】
	取締役・監査役のトレーニングの内容や頻度はどのように考えればよいのでしょうか。…………………………………………………… *142*
Q-86	【取締役・監査役に対するトレーニング方針の開示の程度】
	取締役・監査役に対するトレーニングの方針はどの程度開示すればよいのでしょうか。………………………………………………… *144*

第7章　基本原則5　株主との対話

Q-87	【株主との対話の確保についての考え方】
	株主との対話は面談の形式で行うことを前提としていますが，時間的にも物理的にも面談を重ねていくことは現実的ではないのではないでしょうか。……………………………………………… *147*

Q-88 【株主との対話の方法】
　　　　株主との対話には，どのような方法が考えられるでしょうか。
　　　　……………………………………………………………………… *149*

Q-89 【株主への情報提供における留意点】
　　　　建設的な対話に積極的な株主に対してはより一層の情報開示を
　　　　行い，持続的な成長と中長期的な企業価値の向上を促すべきで
　　　　はないでしょうか。……………………………………………… *151*

Q-90 【自社の株主構造の把握】
　　　　上場会社は，必要に応じ，自らの株主構造の把握に努めるべき，
　　　　とありますが，どの程度対応すればよいのでしょうか。………… *152*

Q-91 【経営戦略や経営計画の策定・公表にあたり留意すべきこと】
　　　　株主との対話のベースとなる経営戦略や経営計画の策定・公表
　　　　にあたって，強調されているのはどのようなことでしょうか。‥*154*

参考資料1／英国，フランス，ドイツのコーポレートガバナンス・コード・*156*
参考資料2／取締役会，委員会における独立取締役数等・*158*
参考資料3／取締役の独立性要件比較・*160*
参考資料4／取締役の兼務について・*163*
参考資料5／取締役会の実効性評価比較・*164*

●参考文献・*165*

第1章

コーポレートガバナンス・コード導入の背景

Q-1 コーポレートガバナンス・コードにかかわるキーワード

コーポレートガバナンス・コードに対応するために知っておくべきキーワードを教えてください。

A

キーワードを知ることで,コーポレートガバナンス・コード策定の背景を理解することができます。

解 説

コーポレートガバナンス・コードに対応する実務担当者が知っておくべきキーワードを挙げてみました。

日本再興戦略	攻めのガバナンス	コーポレートガバナンス
伊藤レポート	会社の持続的な成長	中長期的な企業価値の向上
ROE/ROIC	インベストメント・チェーン	JPX日経インデックス400
スチュワードシップ・コード	エンゲージメント	目的を持った対話
車の両輪	平成26年改正会社法	有識者会議
OECDコーポレート・ガバナンス原則	プリンシプル・アプローチ	コンプライ・オア・エクスプレイン
パブリック・コメント	ESG	監査等委員会設置会社
議決権行使助言会社	KPI	非財務情報
多様性	女性の活躍促進	社外取締役
取締役会評価	独立性判断基準	取締役・監査役のトレーニング

　知っているキーワードもあれば，聞いたこともないキーワードもあるかもしれません。本書を読み終えた時，コーポレートガバナンス・コードに対応するために知っておくべきことがわかり，コーポレートガバナンス・コード策定の背景を理解することができるでしょう。

Q-2　コーポレートガバナンス・コード導入の背景

なぜコーポレートガバナンス・コードが導入されたのでしょうか。

A
　コーポレートガバナンス・コードへの対応や実践に関与する企業経営者や実務担当者は，今回のコーポレートガバナンス・コード策定に至る背景と経緯を

十分に理解しておくことが必須です。特に政府の成長戦略，インベストメント・チェーンの改革，投資家との対話のあり方などについての大きな変化の流れを知っておくことが重要です。

解　説

1．日本企業及び資本市場の長年にわたる株価の低迷

　日本企業及び資本市場は，長年にわたる株価の低迷や低水準の ROE（自己資本利益率）により，国際的な競争力を失っていました。その原因の一つとして，諸外国と比較した場合，日本企業ではコーポレートガバナンスが十分に機能していないことが挙げられていました。このままでは，日本が国として経済的に長期低迷する危惧があり，ガバナンスを強化することで日本企業の儲かる体質への変革，すなわち，日本企業の収益性の向上が急務となっています。日本企業のガバナンスを強化することにより，海外投資家からのリスクマネーの受け皿となり，日本が国として成長することが期待されています。不祥事を防止するための「守りのガバナンス」のみならず，リスクテイクを過度に恐れない，成長戦略としての「攻めのガバナンス」への取組みを行うべく，平成25年6月に「日本再興戦略」が閣議決定されました。

2．スチュワードシップ・コードと会社法改正案

　平成25年6月に閣議決定された「日本再興戦略」では，「機関投資家が，対話を通じて企業の中長期的な成長を促すなど，受託者責任を果たすための原則（日本版スチュワードシップ・コード）について検討し，取りまとめる」との施策が盛り込まれました。これを受けて，平成25年8月に金融庁に設置された「日本版スチュワードシップ・コードに関する有識者検討会」にて計6回にわたり議論を重ね，平成26年2月に「『責任ある機関投資家』の諸原則《日本版スチュワードシップ・コード》」（以下，「スチュワードシップ・コード」という）が策定されました。

　さらに，「日本再興戦略」においては，「国内の証券取引所に対し，上場基準における社外取締役の位置付けや，収益性や経営面での評価が高い銘柄のインデックスの設定など，コーポレートガバナンスの強化につながる取組を働きか

ける」との施策も盛り込まれていました。これを受けて，日本取引所グループにおいて「資本の効率的活用や投資者を意識した経営観点など，グローバルな投資基準に求められる諸要件を満たした，『投資者にとって投資魅力の高い会社』で構成される新しい株価指数」である「JPX日経インデックス400」が設定され，平成26年1月6日より算出が開始されています。

また，法務省法制審議会は，平成24年9月に「会社法制の見直しに関する要綱」を採択し，社外取締役を選任しない場合における説明義務に関する規定なども盛り込んだ会社法改正案が国会に提出され，平成26年6月に可決・成立しました。

3．コーポレートガバナンス・コードの策定

「日本再興戦略」は，当初の策定から1年を経て「『日本再興戦略』改訂2014」として平成26年6月に閣議決定されました。「『日本再興戦略』改訂2014」では，「東京証券取引所と金融庁を共同事務局とする有識者会議において，秋頃までを目途に基本的な考え方を取りまとめ，東京証券取引所が，来年の株主総会のシーズンに間に合うよう新たに「コーポレートガバナンス・コード」を策定することを支援する」との施策が盛り込まれました。これを受けて，平成26年8月に金融庁・東京証券取引所を共同事務局とする「コーポレートガバナンス・コードの策定に関する有識者会議」（以下，「有識者会議」という）が設置されました。有識者会議は，平成26年8月から計9回にわたり議論を重ね，コーポレートガバナンス・コードの策定に関する基本的な考え方を「コーポレートガバナンス・コード（原案）」（以下，「コード原案」という）の形で取りまとめ，平成27年3月5日にコード原案は最終化されました。

また，平成27年5月13日に東京証券取引所による上場規則等の改正が行われ，コード原案をその内容とする「コーポレートガバナンス・コード～会社の持続的な成長と中長期的な企業価値の向上のために～」（以下，「コーポレートガバナンス・コード」という）が制定されています。

4．パブリック・コメントと英文発信

コード原案の確定に先立ち，有識者会議で策定されたコード原案（案）につ

いて，平成26年12月から平成27年1月にかけてパブリック・コメントが募集されました。その際，コード原案（案）は和英両方で公表され，国内・海外から多くのコメントが寄せられました。コメントは，コード策定に対する賛成・歓迎の意を示しているものが大半であり，コードの内容について確認を求めるものや将来の見直しについてコメントするもの等もありました。その後の有識者会議では，これらの意見について議論を行った上で最終的なコード原案の取りまとめに反映しています。

寄せられたコメントのうち肯定的なものでは，会社の持続的な成長と中長期的な企業価値の向上を図るためにさまざまなステークホルダーとの適切な協働が不可欠であるとの認識への賛同，非財務情報の開示の主体的な取組みが投資家や株主の責任投資の促進につながるとの評価，コードの目的が短期的な利益を求める株主のためではなく会社の持続的な成長と中長期的な企業価値の向上のためとしたことへの評価，短期間でのコード原案（案）作成への評価が主に挙げられました。また，英文の肯定的なコメントでは，日本のコード原案（案）が他国のコードの不可欠な分野の多くをカバーしていることへの評価，「経営陣幹部による適切なリスクテイクを支える環境整備を行うこと」という取締役会等の要件への評価，コーポレートガバナンス・システムの構築に向けた日本の取組みがこの数年間で加速したことへの評価，スチュワードシップ・コードと相まってコードが機能することへの期待が主に挙げられました。

一方，否定的なコメントとしては，株式価値向上は市場評価を通じて各企業の創意工夫でなされるべきであり，コードを定めて企業を一方向に誘導する必要はないというコメント，コードの適用後1カ月程度でコーポレート・ガバナンス報告書を提出することは時間的に不可能と考えるとのコメントが主に挙げられました。前者のコメントについては，「コンプライ・オア・エクスプレイン」や「プリンシプルベース・アプローチ」の手法により創意工夫ができること，後者のコメントについては，適用初年度のコーポレート・ガバナンス報告書の提出は定時株主総会の6カ月後までに行うことが想定されていることが，本有識者会議から回答されています。

パブリック・コメントの実施以前にも，有識者会議の内容は適宜英語で公表されており，このことが日本のコーポレートガバナンス改革の取組みと日本企

業の企業価値向上に対する海外からの理解と期待の高まりに大きく寄与したものと思われます。

Q-3 伊藤レポートとは

伊藤レポートとは何でしょうか。

A

　伊藤レポートは，経済産業省による「持続的成長への競争力とインセンティブ〜企業と投資家の望ましい関係構築〜」プロジェクトの最終報告書であり，座長である伊藤邦雄氏の名前を冠して伊藤レポートと呼称されています。

解　説

1．「持続的成長への競争力とインセンティブ〜企業と投資家の望ましい関係構築〜」プロジェクト

　欧米諸国を中心に，投資家や企業の短期主義是正やコーポレートガバナンスの強化，企業と投資家の対話（エンゲージメント）や企業開示・報告の在り方の見直し等が国際的な議論となっています。このような課題について，国内のみならず海外の機関投資家を含むステークホルダーに対し発信したり対話を行ったりすることで，日本の資本市場の魅力を適切に伝えることが必要となっています。このような背景により，平成25年7月16日に経済産業省において「持続的成長への競争力とインセンティブ〜企業と投資家の望ましい関係構築〜」プロジェクトが立ち上げられました。座長は，一橋大学大学院商学研究科教授で，複数の上場会社の社外取締役でもある伊藤邦雄氏です。

　当プロジェクトの約1年にわたる議論を経て，平成26年8月6日に公表された最終報告書が伊藤レポートです。伊藤レポートでは，企業が投資家との対話を通じて持続的成長に向けた資金を獲得し，企業価値を高めていくための課題

を分析し，提言を行っています。また，資本効率を意識した経営改革，インベストメント・チェーンの全体最適化，双方向の対話促進を主なメッセージとし，その実現に向けて「経営者・投資家フォーラム」（Management-Investor Forum：MIF）の創設を提言しています。

2．伊藤レポートの概要[1]

伊藤レポートの主要メッセージや提言は以下のとおりです。

(1) 企業と投資家の「協創」による持続的価値創造を

企業と投資家，企業価値と株主価値を対立的に捉えることなく，「協創（協調）」の成果として持続的な企業価値向上を目指すべきとされています。

(2) 資本コストを上回るROE（自己資本利益率）を，そして資本効率革命を

ROEを現場の経営指標に落とし込むことで高いモチベーションを引き出し，中長期的にROE向上を目指す「日本型ROE経営」が必要です。「資本コスト」を上回る企業が価値創造企業であり，その水準は個々に異なりますが，グローバルな投資家との対話では，8％を上回るROEを最低ラインとし，より高い水準を目指すべきとされています。

(3) 全体最適に立ったインベストメント・チェーン変革を

インベストメント・チェーン（資金の拠出者から，資金を最終的に事業活動に使う企業までの経路）の弱さや短期化等の問題を克服し，全体最適に向けて変革することは，21世紀の日本の国富を豊かにすることにつながるとしています。

(4) 企業と投資家による「高質の対話」を追求する「対話先進国」へ

企業と投資家の信頼関係を構築する上で，企業価値創造プロセスを伝える開示と建設的で質の高い「対話・エンゲージメント」が車の両輪になります。本報告書では，「スチュワードシップ・コード」等で求められる対話・エンゲージメントの目的，取り扱うべき事項，方法，企業と投資家に求められる姿勢と

---

[1] 経済産業省ウェブサイト。
http://www.meti.go.jp/press/2014/08/20140806002/20140806002.html

実力等が包括的にとりまとめられています。

(5) 「経営者・投資家フォーラム（仮）」の創設

産業界と投資家，市場関係者，関係機関等から成る「経営者・投資家フォーラム（Management-Investor Forum：MIF）（仮）」を創設すべきとされています。そこでは，中長期的な情報開示や統合報告のあり方，建設的な対話促進の方策等を継続的に協議し，実現に向けた制度上・実務上の方策が検討されることが望まれるとされています。

コードの策定・導入につながる一連のインベストメント・チェーンの改革は，「伊藤レポート」として取りまとめられた経済産業省におけるプロジェクトでの議論にその源流を見ることができます。

Q-4　日本版スチュワードシップ・コードとは

日本版スチュワードシップ・コードとは何でしょうか。

A

コーポレートガバナンス・コードが企業のガバナンスの在り方についての規範であるのに対して，スチュワードシップ・コードは投資家が資金の受託者としての責任を果たす上での規範です。

解 説

1．スチュワードシップ・コードの策定

ひと昔前は，キャビンアテンダントのことをスチュワーデスやスチュワードと呼んでいました。スチュワード（steward）とは，誰かに仕えるという意味であり，ここでは，運用会社が投資家に仕えるという関係にあります。また，受託者責任とは，運用会社が受益者に負うべき責任のことであり，受益者であ

る投資家に対し，運用会社は忠実義務や善管注意義務があります。投資家には個人や企業体がありますが，生命保険会社や損害保険会社など，企業体で投資を行っている大口の投資家を機関投資家と言います。

「日本再興戦略」では，「機関投資家が，対話を通じて企業の中長期的な成長を促すなど，受託者責任を果たすための原則（日本版スチュワードシップ・コード）について検討し，取りまとめる」との施策が盛り込まれ，平成26年2月に「スチュワードシップ・コード」が策定されました。

スチュワードシップ・コードの受入れを表明した機関投資家は金融庁が公表を開始した平成26年5月末時点で127ありましたが，その後増え続け，平成27年8月末時点では197となっています。

機関投資家	平成26年			平成27年		
	5月末	8月末	11月末	2月末	5月末	8月末
信託銀行等	6	6	6	6	7	7
投信・投資顧問会社等	86	109	122	129	133	139
生命保険会社	14	17	17	17	17	17
損害保険会社	5	4	4	4	4	4
年金基金等	12	17	19	21	23	23
議決権行使助言会社等	4	7	7	7	7	7
合　計	127	160	175	184	191	197

出所：金融庁ウェブサイトより筆者が表形式に加工。

2．スチュワードシップ責任

スチュワードシップ・コードは，機関投資家が，顧客・受益者と投資先企業の双方を視野に入れ，「責任ある機関投資家」として当該スチュワードシップ責任を果たすにあたり有用と考えられる諸原則を定めるものです。

スチュワードシップ・コードにおいて，「スチュワードシップ責任」とは，機関投資家が，投資先企業やその事業環境等に関する深い理解に基づく建設的な「目的を持った対話」（エンゲージメント）などを通じて，当該企業の企業価値の向上や持続的成長を促すことにより，「顧客・受益者」（最終受益者を含

む。）の中長期的な投資リターンの拡大を図る責任を意味しています。

　スチュワードシップ・コードに沿って，機関投資家が「責任ある機関投資家」として適切にスチュワードシップ責任を果たすことは，経済全体の成長にもつながるものです。

3．スチュワードシップ・コードの特徴

　スチュワードシップ・コードは，機関投資家が各々の置かれた状況に応じて，自らのスチュワードシップ責任をその実質において適切に果たすことができるよう，いわゆる「プリンシプルベース・アプローチ」（原則主義）を採用しています。また，スチュワードシップ・コードは，いわゆる「コンプライ・オア・エクスプレイン」（原則を実施するか，実施しない場合には，その理由を説明するか）の手法を採用しています。スチュワードシップ・コードの体系は，七つの原則に21の指針が示されています。

4．車の両輪

　コーポレートガバナンス・コードが企業のガバナンスの在り方についての規範であるのに対し，スチュワードシップ・コードは投資家が資金の受託者としての責任を果たす上での規範です。これら二つの規範が相まって，企業と投資家との建設的な対話を通じたインベストメント・チェーンの改革を表現することが意図されており，両者が「車の両輪」と称される所以でもあります。

スチュワードシップ・コードの原則	コーポレートガバナンス・コードの基本原則
1．機関投資家は，スチュワードシップ責任を果たすための明確な方針を策定し，これを公表すべきである。 2．機関投資家は，スチュワードシップ責任を果たす上で管理すべき利益相反について，明確な方針を策定し，これを公表すべきである。 3．機関投資家は，投資先企業の持続的	【株主の権利・平等性の確保】 1．上場会社は，株主の権利が実質的に確保されるよう適切な対応を行うとともに，株主がその権利を適切に行使することができる環境の整備を行うべきである。 　また，上場会社は，株主の実質的な平等性を確保すべきである。

成長に向けてスチュワードシップ責任を適切に果たすため、当該企業の状況を的確に把握すべきである。
4．機関投資家は、投資先企業との建設的な「目的を持った対話」を通じて、投資先企業と認識の共有を図るとともに、問題の改善に努めるべきである。
5．機関投資家は、議決権の行使と行使結果の公表について明確な方針を持つとともに、議決権行使の方針については、単に形式的な判断基準にとどまるのではなく、投資先企業の持続的成長に資するものとなるよう工夫すべきである。
6．機関投資家は、議決権の行使も含め、スチュワードシップ責任をどのように果たしているのかについて、原則として、顧客・受益者に対して定期的に報告を行うべきである。
7．機関投資家は、投資先企業の持続的成長に資するよう、投資先企業やその事業環境等に関する深い理解に基づき、当該企業との対話やスチュワードシップ活動に伴う判断を適切に行うための実力を備えるべきである。

少数株主や外国人株主については、株主の権利の実質的な確保、権利行使に係る環境や実質的な平等性の確保に課題や懸念が生じやすい面があることから、十分に配慮を行うべきである。

【株主以外のステークホルダーとの適切な協働】
2．上場会社は、会社の持続的な成長と中長期的な企業価値の創出は、従業員、顧客、取引先、債権者、地域社会をはじめとする様々なステークホルダーによるリソースの提供や貢献の結果であることを十分に認識し、これらのステークホルダーとの適切な協働に努めるべきである。

取締役会・経営陣は、これらのステークホルダーの権利・立場や健全な事業活動倫理を尊重する企業文化・風土の醸成に向けてリーダーシップを発揮すべきである。

【適切な情報開示と透明性の確保】
3．上場会社は、会社の財政状態・経営成績等の財務情報や、経営戦略・経営課題、リスクやガバナンスに係る情報等の非財務情報について、法令に基づく開示を適切に行うとともに、法令に基づく開示以外の情報提供にも主体的に取り組むべきである。

その際、取締役会は、開示・提供される情報が株主との間で建設的な対話を行う上での基盤となることも踏まえ、そうした情報（とりわけ非財務情報）が、正確で利用者にとって分かりやすく、情報として有用性の高いものとなるようにすべきである。

【取締役会等の責務】
4．上場会社の取締役会は、株主に対する受託者責任・説明責任を踏まえ、会

社の持続的成長と中長期的な企業価値の向上を促し，収益力・資本効率等の改善を図るべく，

(1) 企業戦略等の大きな方向性を示すこと
(2) 経営陣幹部による適切なリスクテイクを支える環境整備を行うこと
(3) 独立した客観的な立場から，経営陣（執行役及びいわゆる執行役員を含む）・取締役に対する実効性の高い監督を行うことをはじめとする役割・責務を適切に果たすべきである。

　こうした役割・責務は，監査役会設置会社（その役割・責務の一部は監査役及び監査役会が担うこととなる），指名委員会等設置会社，監査等委員会設置会社など，いずれの機関設計を採用する場合にも，等しく適切に果たされるべきである。

【株主との対話】

5．上場会社は，その持続的な成長と中長期的な企業価値の向上に資するため，株主総会の場以外においても，株主との間で建設的な対話を行うべきである。

　経営陣幹部・取締役（社外取締役を含む）は，こうした対話を通じて株主の声に耳を傾け，その関心・懸念に正当な関心を払うとともに，自らの経営方針を株主に分かりやすい形で明確に説明しその理解を得る努力を行い，株主を含むステークホルダーの立場に関するバランスのとれた理解と，そうした理解を踏まえた適切な対応に努めるべきである。

Q-5 コーポレートガバナンス・コードに関連する会社法改正の趣旨

コーポレートガバナンス・コードに関連する会社法改正の趣旨は何でしょうか。

A

平成26年会社法改正には，社外取締役等の社外性要件の厳格化などのコーポレートガバナンス強化を意図したものが含まれています。

解 説

1．平成26年会社法改正の背景

日本企業及び資本市場は，長年にわたる株価の低迷や低水準のROE（自己資本利益率）により，国際的な競争力を失っていました。また，海外には馴染みのない監査役会制度に対する理解不足や近年の一連の企業経営者不正の発生もあり，特に海外からは日本企業のコーポレートガバナンスが脆弱であるとの認識があると言われていました。会社法は平成17年に成立，平成18年より施行されていますが，会社法におけるコーポレートガバナンスについては，社外取締役の機能を活用するなど，取締役に対する監査や監督の在り方を見直すべきとの指摘がありました。

法務省法制審議会は，平成24年9月に「会社法制の見直しに関する要綱」を採択し，社外取締役を選任しない場合における説明義務に関する規定なども盛り込んだ改正会社法が平成26年6月に可決・成立し，平成27年5月1日より施行されています。

2．コーポレートガバナンスに関連する主な改正点

コーポレートガバナンスに関連する会社法改正の趣旨は，コーポレートガバナンスの強化にあり，社外取締役の機能を活用することが期待されています。

主な改正点としては，①監査等委員会設置会社制度の導入，②社外取締役を選任しない場合の社外取締役を置くことが相当でない理由の株主総会における説明義務の導入，③社外取締役・社外監査役の社外性要件の強化，が挙げられます。また，本改正により，会計監査人の選解任等に関する議案の内容の決定権を監査役または監査役会に付与することになり，会計監査人の独立性を強化することが期待されています。

Q-6　JPX日経インデックス400とは

JPX日経インデックス400とは何でしょうか。

A

JPX日経インデックス400とは，『投資者にとって投資魅力の高い会社』で構成される株価指数です。

解説

1．日本企業のROE

日本企業のROE（自己資本利益率）は国際的に見て低い水準にあり，伊藤レポートでは，ROEの向上は国の経済政策であると評価されています。また，同レポートでは，日本企業が意識すべきROEの最低ラインとして，8％という具体的な数値を挙げています。

外国の機関投資家はROEを重視する傾向にあり，公的年金や生命保険会社などの国内の機関投資家も銘柄選定の基準の一つにROEを掲げ始めています。また，ROEが低い企業に対しては，株主総会において取締役の選任案に反対票を投じる機関投資家も現れており，ROEを底上げする成長戦略が不可欠となってきています。

2．JPX日経インデックス400の設定

「日本再興戦略」においては，「国内の証券取引所に対し，上場基準における社外取締役の位置付けや，収益性や経営面での評価が高い銘柄のインデックスの設定など，コーポレートガバナンスの強化につながる取組を働きかける」との施策が盛り込まれており，日本取引所グループにおいて「資本の効率的活用や投資者を意識した経営観点など，グローバルな投資基準に求められる諸要件を満たした，『投資者にとって投資魅力の高い会社』で構成される新しい株価指数」である「JPX日経インデックス400」が設定され，平成26年1月6日より算出が開始されています。

【JPX日経インデックス400の概要】

名称	JPX日経インデックス400（JPX-Nikkei Index 400） （略称：JPX日経400（JPX-Nikkei 400））
算出者	株式会社日本取引所グループ／株式会社東京証券取引所及び株式会社日本経済新聞社
構成銘柄数	400銘柄
銘柄選定にかかる母集団	東証上場銘柄（市場第一部，市場第二部，マザーズ，JASDAQ）
銘柄選定及び銘柄入替方法	【選定基準】 以下の手順及び基準に従い，銘柄選定を行います。 (1) スクリーニング 　① 適格基準によるスクリーニング 　下記のいずれかに該当する場合は銘柄選定の対象としない。 ・上場後3年未満（テクニカル上場を除く） ・過去3期いずれかの期で債務超過 ・過去3期すべての期で営業赤字 ・過去3期すべての期で最終赤字 ・整理銘柄等に該当 　② 市場流動性指標によるスクリーニング 　上記を除く全対象銘柄の中から，以下の2項目を勘案し，上位1000銘柄を選定。 ・直近3年間の売買代金

- 選定基準日時点における時価総額

(2) 定量的な指標によるスコアリング
(1)により選定した1000銘柄に対して、以下の各3項目にかかる順位に応じたスコアを付与します（1位：1000点〜1000位：1点）。その後、各3項目のウェイトを加味した合計点によって総合スコア付けを行います。（ROEと営業利益はスコア付けに際しての取扱いあり）
- 3年平均ROE：40%
- 3年累積営業利益：40%
- 選定基準日時点における時価総額：20%

(3) 定性的な要素による加点
(2)のスコア付けの後、以下の3項目を勘案してスコアの加点を行います。
この加点は、(2)の定量的な指標によるスコアリングに対する補完的な位置づけです※。
- 独立した社外取締役の選任（2人以上）
- IFRS採用（ピュアIFRSを想定）または採用を決定。
- 決算情報英文資料のTDnet（英文資料配信サービス）を通じた開示

※(2)の総合スコアのみによって選定を行った場合との差異が最大でも10銘柄程度となるような加点規模です。

(4) 構成銘柄の決定
(3)の加点の後、スコアが高い順に400銘柄を選定し、構成銘柄とします。

【バッファルール】
前年度採用銘柄に優先採用ルールを設けます。
前年度採用銘柄については、スコアが440位以内であれば、継続採用されます。

【銘柄入替】
毎年6月最終営業日を選定基準日とし、毎年8月第5営業日に入替銘柄を公表のうえ、毎年8月最終営業日に銘柄定期入替を実施します。

算出方法	浮動株調整時価総額加重型（1.5%キャップ付き）

算出開始日	2014年（平成26年）1月6日(月) 東京証券取引所の相場報道システムからリアルタイム（1秒毎）で配信
起算日・基準値	2013年（平成25年）8月30日・10,000ポイント

出所：日本取引所グループウェブサイト。

　JPX日経インデックス400の設定は，銘柄選定基準としてROEを導入することで，ROEを底上げする成長戦略の一環として，日本企業の魅力を内外にアピールするとともに，その持続的な企業価値向上を促し，株式市場の活性化を図ることに狙いがあります。

第2章

コーポレートガバナンス・コードの概要

Q-7 コーポレートガバナンスの定義

コーポレートガバナンスとはどのような意味でしょうか。

A

コーポレートガバナンスは、世界でも共通の定義はなく、それぞれの立場でそれぞれの意味で利用しています。

解 説

1. コーポレートガバナンス・コードにおけるコーポレートガバナンスの定義

コーポレートガバナンス・コードにおいて、「コーポレートガバナンス」とは、会社が、株主をはじめ顧客・従業員・地域社会等の立場を踏まえた上で、透明・公正かつ迅速・果断な意思決定を行うための仕組みを意味します。コーポレートガバナンス・コードは、実効的なコーポレートガバナンスの実現に資する主要な原則を取りまとめたものであり、これらが適切に実践されることは、それぞれの会社において持続的な成長と中長期的な企業価値の向上のための自

立的な対応が図られることを通じて，会社，投資家，ひいては経済全体の発展にも寄与することとなるものと考えられています。

2．第2回有識者会議での議論

　第2回の有識者会議では，日本再興戦略や関連原則に記載のある「コーポレートガバナンス」の意味が示されました[1]。

● 「日本再興戦略」改訂2014（抄）平成26年6月24日閣議決定
　第二 3つのアクションプラン
　一．1．(3) i) ① 「コーポレートガバナンス・コード」の策定等
　　コーポレート・ガバナンスは，<u>企業が，株主をはじめ顧客・従業員・地域社会等の立場を踏まえた上で，透明・公正かつ迅速・果断な意思決定を行うための仕組み</u>である。コーポレートガバナンスに関する基本的な考え方を諸原則の形で取りまとめることは，<u>持続的な企業価値の向上のための自律的な対応を促すことを通じ，企業，投資家，ひいては経済全体にも寄与するもの</u>と考えられる。

● OECDコーポレート・ガバナンス原則
　　（前略）コーポレート・ガバナンスは，<u>経済効率性を改善し，成長を促進し，投資家の信頼を高める上での一つの重要な要素</u>である。コーポレート・ガバナンスは，<u>会社経営陣，取締役会，株主及び，ステークホルダー（利害関係者）間の一連の関係に関わるもの</u>である。コーポレート・ガバナンスは，<u>会社の目標を設定し，その目標を達成するための手段や会社業績を監視するための手段を決定する仕組みを提供するもの</u>である。良いコーポレート・ガバナンスは，<u>取締役会や経営陣に，会社や株主の利益となる目標を追求するインセンティブを与え，有効な監視を促進するものであるべき</u>である。一つの会社内や国の経済全体を通じて有効なコーポレート・ガバナンス体制が存在することは，<u>市場経済が適切に機能するのに必要な程度に信頼を高めることの助けとなる。その結果，資本コストが低下</u>

---

[1] 第2回有識者会議資料4。

し，会社が資源をより効率的に活用するよう促進されることで，成長が下支えされることになる。【第2段落】

　会社が，良いコーポレート・ガバナンスの基本原則をどの程度守っているのかは，投資判断においてますます重要な要素となっている。特に重要なこととして，コーポレート・ガバナンス慣行と投資の国際化の進展の関係がある。（中略）会社が基本的には外国の資本に依拠することがないとしても，良いコーポレート・ガバナンス慣行を採用することは，国内の投資家の信頼を高め，資本コストを低下させ，金融市場の機能を下支えし，結局は，より安定的な資金を誘引することになる。【第6段落】

● 英国コーポレート・ガバナンス・コード

　コーポレート・ガバナンスの目的は，会社の長期的な成功をもたらすことができるような，効果的で〔effective〕，企業家精神に富み〔entrepreneurial〕，注意深い〔prudent〕経営を促進することにある。

　（前略）「コーポレート・ガバナンスとは，それによって会社を方向づけ，制御するためのシステムである。（後略）」

　このように，コーポレート・ガバナンスとは，会社の取締役会が何を行い，いかに会社の価値を設定するか，に関わるものであり，常勤役員〔full-time executives〕が行う日常的な経営管理とは区別されるべきものである。【「ガバナンス及び本コード」第1～3段落】

● 日本版スチュワードシップ・コード

　一方で，企業の側においては，経営の基本方針や業務執行に関する意思決定を行う取締役会が，経営陣による執行を適切に監督しつつ，適切なガバナンス機能を発揮することにより，企業価値の向上を図る責務を有している。企業側のこうした責務と本コードに定める機関投資家の責務とは，いわば「車の両輪」であり，両者が適切に相まって質の高い企業統治が実現され，企業の持続的な成長と顧客・受益者の中長期的な投資リターンの確保が図られていくことが期待される。【第5段落】

● 東証「上場会社コーポレート・ガバナンス原則」

　コーポレート・ガバナンスは企業統治と訳され，一般に企業活動を律する枠組みのことを意味する。

およそ上場会社の企業活動は，収益を上げ，株主にとっての企業価値を高めることを主要な目的として行われるが，上場会社がそうした成果を継続的に挙げ続けることを期待するためには，企業活動を律する枠組み，即ちコーポレート・ガバナンスを通じて経営をそのように動機付け，あるいは監視することが欠かせない。

　すなわち，<u>上場会社にとってコーポレート・ガバナンスが有効に機能することは，継続的に企業価値を高めていくための極めて基本的な要請であり，そのような環境を整えることがコーポレート・ガバナンスの基本的な目的である</u>。【第1・2段落】

　本有識者会議での議論において，「『日本再興戦略』改訂2014」に掲げられているコーポレートガバナンスの定義が「持続的な企業価値の向上」というキーワードが入っている点でよくできておりわかりやすい[2]との参加メンバーからの意見もあり，「『日本再興戦略』改訂2014」に掲げられているコーポレートガバナンスの定義を生かす形で，コード原案において，「会社が，株主をはじめ顧客・従業員・地域社会等の立場を踏まえた上で，透明・公正かつ迅速・果断な意思決定を行うための仕組み」とコーポレートガバナンスが定義されました。

Q-8　OECDコーポレート・ガバナンス原則とは

> コーポレートガバナンス・コードの策定のベースとなったOECDコーポレート・ガバナンス原則とはどのようなものでしょうか。

A　..
　OECDコーポレート・ガバナンス原則は，1999年にOECD（経済協力開発

2　第2回有識者会議議事録　武井メンバー。

機構）閣僚により支持され，それ以来，世界中の政策担当者，投資家，企業及びステークホルダー（利害関係者）のための国際的ベンチマークとなっています。

解説

1．OECDコーポレート・ガバナンス原則

「『日本再興戦略』改訂2014」において，コードの策定にあたっては「OECDコーポレート・ガバナンス原則」を踏まえるものとすると明記されたことを受けて，有識者会議は同原則の内容に沿って議論されました。コード原案の内容は同原則の趣旨を踏まえたものとなっています。

OECDコーポレート・ガバナンス原則は，1999年にOECD（経済協力開発機構）閣僚により支持され，それ以来，世界中の政策担当者，投資家，企業及びステークホルダー（利害関係者）のための国際的ベンチマークとなってきました。OECDコーポレート・ガバナンス原則は，コーポレート・ガバナンス問題を前進させるとともに，OECD加盟国・非加盟国の双方において，立法・規制上のイニシアティブに対して指針を提供してきました。金融安定化フォーラム（FSB）は，OECDコーポレート・ガバナンス原則を「健全な金融システムのための12の主要基準」の一つとしています。OECDコーポレート・ガバナンス原則は，OECD加盟国・非加盟国間の幅広い協力プログラムの基礎を提供するとともに，世界銀行・国際通貨基金（IMF）による「基準・規範の遵守状況にかかる報告書（ROSC）」のコーポレート・ガバナンス部分を支えてもいます[3]。

2．OECDコーポレート・ガバナンス原則の改訂

OECDコーポレート・ガバナンス原則は，2004年に一度改訂されました。それから10年ほど経過し，取り巻く環境が変化していたことから，2015年9月に改訂され，G20/OECDコーポレート・ガバナンス原則として公表されました。

---

3 OECDコーポレート・ガバナンス原則2004 序文。

G20/OECDコーポレート・ガバナンス原則の構成
① 有効なコーポレートガバナンスの枠組みの基礎の確保
② 株主の権利と平等な取扱い及び主要な持分機能
③ 機関投資家，株式市場及びその他の中間業者
④ コーポレートガバナンスにおけるステークホルダー（利害関係者）の役割
⑤ 開示及び透明性
⑥ 取締役会の責任

　G20/OECDコーポレート・ガバナンス原則に新規に追加された「機関投資家，株式市場及びその他の中間業者」には，「株主との対話」に関する項目が追加されています。「株主との対話」が基本原則の一つとされている日本のコーポレートガバナンス・コードは，OECDコーポレート・ガバナンス原則の改訂を先取りした形となっています。

Q-9 「攻めのガバナンス」とは

よく「攻めのガバナンス」と聞きますが，どのような意味でしょうか。

A

　日本企業の「稼ぐ力」を高めるためには，リスクテイクを恐れず，果敢に攻めていく「攻めのガバナンス」を行うことが求められてきています。

解説

　コーポレートガバナンスと聞くと，不正や不祥事の防止のためのガバナンスをイメージする方も多いかもしれません。不正や不祥事の防止のための内部統制は，いわゆる「守りのガバナンス」として重要な役割を果たしています。し

かし，日本企業の「稼ぐ力」を高めるためには，「守りのガバナンス」だけではなく，リスクテイクを恐れず，果敢に攻めていく「攻めのガバナンス」を行うことが求められてきています。

会社は，株主から経営を付託された者としての責任（受託者責任）をはじめ，さまざまなステークホルダーに対する責務を負っています。コーポレートガバナンス・コードは，こうした責務に関する説明責任を果たし，会社の意思決定の透明性・公正性を担保しつつ，健全な企業家精神を発揮し，迅速・果断な意思決定を促すことを通じて，会社の持続的な成長と中長期的な企業価値の向上を図ること，すなわち，「攻めのガバナンス」の実現を目指すものとされています。

「守りのガバナンス」と「攻めのガバナンス」は，どちらが重要とは一概には言えず，会社の状況に鑑み，うまくバランスをとるべきものです。日本ではこれまで，「守りのガバナンス」に比較的重点を置いている会社が多く，今後，「攻めのガバナンス」を実践することが期待されています。

Q-10 コーポレートガバナンス・コードとスチュワードシップ・コードの関係

コーポレートガバナンス・コードとスチュワードシップ・コードとはなぜ「車の両輪」と言われているのでしょうか。

A

機関投資家と会社との間の目的を持った建設的な対話を軸として，コーポレートガバナンス・コードとスチュワードシップ・コードは「車の両輪」と言われています。

解 説

コーポレートガバナンス・コードは、各原則の趣旨や精神を念頭に、会社が自律的にガバナンス上の課題の有無を検討し対応することを求め、それを通じた中長期的な企業価値の向上を促す効果が期待されています。

市場において、コーポレートガバナンスの改善を強く望んでいるのは、改善による中長期的な企業価値の向上を期待している中長期保有目的の株主(機関投資家を含む)と言えます。また、機関投資家には、スチュワードシップ・コードに沿って、会社との間の建設的な目的を持った対話などを通じ、企業価値の向上や持続的成長を促す役割が期待されています。すなわち、コーポレートガバナンス・コードの効果は、スチュワードシップ・コードに基づく建設的な目的を持った対話により、さらに充実させることができます。

その意味において、コーポレートガバナンス・コードとスチュワードシップ・コードとは、「車の両輪」と言われています。コーポレートガバナンス・コードとスチュワードシップ・コードの両者が適切に相まって、企業価値の向上、企業の持続的成長、投資家・受益者の投資リターンの拡大という好循環を生み出していくことが強く期待されているのです。

Q-11　コーポレートガバナンス・コードの構成

コーポレートガバナンス・コードの構成を教えてください。

A

コーポレートガバナンス・コードは、基本原則、原則、補充原則から構成されています。

解 説

1．コーポレートガバナンス・コードの構成

コーポレートガバナンス・コードは，基本原則5項目，原則30項目，補充原則38項目から構成されています。基本原則は基本的な考え方を示したもの，原則は基本原則を敷衍・発展させたもの，補充原則は原則を補うために追加されたものになります。

コーポレートガバナンス・コードの各原則の適用の仕方は，会社が置かれた状況，たとえば，会社の業種，規模，事業特性，機関設計，取り巻く環境等に応じて，自らが工夫すべきものです。

2．五つの基本原則

コーポレートガバナンス・コードの五つの基本原則は，いずれも基本的な考え方を示したものであり，一般的には上場会社であれば実施できていることが想定されています。

基本原則	概　　要
基本原則1 株主の権利・平等性の確保	株主権利の確保のための対応と環境整備・株主の平等性の確保・課題や懸念への対応
基本原則2 株主以外のステークホルダーとの適切な協働	環境，社会及びガバナンス（ESG）への対応・企業文化・風土の醸成
基本原則3 適切な情報開示と透明性の確保	財務情報・非財務情報，法定・非法定開示への主体的な取組み・建設的な対話
基本原則4 取締役会等の責務	経営戦略等の大きな方向性，適切なリスクテイクを支える環境整備，実効性の高い監督
基本原則5 株主との対話	株主総会以外の対話・経営方針等の判りやすい説明

3．海外のコーポレートガバナンス・コードの構成

参考までに，英国，フランス，ドイツのコーポレートガバナンス・コードの構成を紹介します。日本のコーポレートガバナンス・コード策定にあたっては，

主に英国のコーポレートガバナンス・コードを参考としていると言われています。

【英　国】

主要原則 Main Principle …どのように適用したかの説明をする（＝Comply and Explain）

A：リーダーシップ　　D：報酬
B：取締役会の有効性　E：株主との対話
C：説明責任対話

補助原則 Supporting Principle …とにかく実施する（＝Comply）

各則 Code Provisions …すべてコンプライしたか否か，コンプライしない場合はその理由の説明が必要（＝Comply or Explain）

【フランス】

勧告 Recommendations …どのように実施したかの詳細な報告をし，実施しなかった場合はその理由を説明する（＝Comply or Explain）

1. 取締役会：合議体
2. 取締役会と市場
3. 取締役会議長と最高経営責任者の職務の分離
4. 取締役会と戦略
5. 取締役会と株主総会
6. 取締役会のメンバーシップ：指針
7. 従業員の代表
8. 少数株主
9. 独立取締役
10. 取締役会の評価
11. 取締役会の会議と委員会の会議
12. 取締役による情報へのアクセス
13. 取締役の研修
14. 取締役の任期
15. 取締役会の委員会
16. 監査委員会
17. 任命または指名を担当する委員会
18. 報酬を担当する委員会
19. 業務執行取締役と非業務執行取締役の取締役職数
20. 取締役の倫理
21. 取締役の報酬
22. 業務執行取締役への任命する場合の雇用契約の終了
23. 業務執行取締役の報酬
24. 業務執行取締役の報酬と株式オプション・パフォーマンスシェアの付与方針に関する情報
25. 本勧告の履行

【ドイツ】

勧告 Recommendations …実施するか，実施しない場合はその理由を説明する（＝Comply or Explain）（〜shall…）

1. 序文
2. 株主及び株主総会
3. マネジメント・ボードとスーパーバイザリー・ボードの協力
4. マネジメント・ボード
5. スーパーバイザリー・ボード
6. 透明性
7. 年次財務諸表の提出及び監査

提案 Suggestions …実施していなくても説明の開示が要求されない（〜should…）

Q-12 原則主義（プリンシプルベース・アプローチ）とは

原則主義（プリンシプルベース・アプローチ）とは何でしょうか。

A

原則主義（プリンシプルベース・アプローチ）とは，対応方法が細かく規定されておらず，原則のみが示され，その適用を企業が柔軟に行うことができるものです。

解 説

1．細則主義と原則主義

会計基準等の適用の際の考え方として，細則主義（ルールベース・アプローチ）（以下，「細則主義」という）と原則主義（プリンシプルベース・アプローチ）（以下，「原則主義」という）があります。

細則主義とは，対応方法を細かく規定するもので，たとえば，日本や米国の会計基準は細則主義を採用していると言われます。これに対して，原則主義とは，対応方法が細かく規定されておらず，原則のみが示され，その適用を企業が柔軟に行うことができるもので，国際財務報告基準（IFRS）は原則主義を採用しています。

コーポレートガバナンス・コードは，会社がそれぞれ置かれた状況に応じて，実効的なコーポレートガバナンスを実現することができるよう，原則主義を採用しています。なお，スチュワードシップ・コードも原則主義を採用しています。

日本は長年，細則主義に慣れ親しんでおり，原則主義のように原則に照らして自ら考え行動するということに戸惑う会社が多いのではないかという懸念があります。

2．原則主義が採用された趣旨

　コーポレートガバナンス・コードは原則主義に基づき，基本原則，原則，補充原則が示されるのみで，詳細な規定がありません。詳細な規定を設けてしまうと，コーポレートガバナンス・コードの文言・記載を形式的に実施したことをもって，対応したとみなしてしまう可能性があります。コーポレートガバナンス・コードは，会社の自律的な対応を求めています。会社は，コーポレートガバナンス・コードの趣旨や精神に照らして，コーポレートガバナンス・コードで使用されている用語等についても適切に解釈した上で，自社の活動が適切か否かを判断し，また，コーポレートガバナンスに対するトップマネジメントの考えが反映されるよう，自らの言葉で語ることが期待されています。

　また，株主等のステークホルダーが会社との間で対話を行う際にも，原則主義の意義を十分に理解した上で臨むことが期待されます。

Q-13　コンプライ・オア・エクスプレインとは

コンプライ・オア・エクスプレインとは何でしょうか。

A

　「コンプライ・オア・エクスプレイン」とは，コーポレートガバナンス・コードで採用している手法であり，原則を実施するか，実施しない場合には，その理由を説明することが求められています。

解 説

1．コンプライ・オア・エクスプレンとは？

　コーポレートガバナンス・コードは，「コンプライ・オア・エクスプレイン」（原則を実施するか，実施しない場合には，その理由を説明するか）の手法を採用しています。基本原則，原則，補充原則の中に，会社の事情に照らして実

施することが適切でないと考える原則があれば，それを「実施しない理由」を十分に説明することにより，一部の原則を実施しないことが想定されています。この手法は日本にあまり馴染みのない手法になりますが，コーポレートガバナンス・コードが導入されている英国，フランス，ドイツ等，ほとんどの国で採用されている手法です。なお，コーポレートガバナンス・コードに先立って我が国に導入されたスチュワードシップ・コードにおいても「コンプライ・オア・エクスプレイン」の手法が採用されています。

　コンプライしていなくとも，エクスプレインすることが認められており，コンプライしていることが必ずしも合格点であるというわけではありません。そのため，投資家は，コンプライしていない会社に機械的に不合格点を与えるような評価をしないことが求められています。

　拙速にコンプライすることばかりを考えるのではなく，企業の現状や今後のガバナンスの在り方を十分に検討した上でエクスプレインすることは，投資家との建設的な対話に向けて，むしろ望ましい場合も多いと考えられます。

2．コンプライ・アンド・エクスプレインについても考える

　コンプライしていない原則はエクスプレインすることになりますが，コンプライしている原則についてもエクスプレインする，すなわち「コンプライ・アンド・エクスプレイン」も推奨されると考えられます。コーポレートガバナンス・コードにおいては，コーポレートガバナンスに対するトップマネジメントの考えが反映されるよう，会社自らの言葉で語ることが期待されています。単にコンプライしていると記載するのではなく，どのようにコンプライしているかエクスプレインすることで，会社のコーポレートガバナンスに対する考え方をアピールする機会と考えるべきでしょう。

Q-14 エクスプレインする際の留意点

エクスプレインする際の留意点を教えてください。

A

エクスプレインする際，ひな型的な説明ではなく，なぜ実施しないのか，自社の対応について株主等のステークホルダーの理解が十分に得られるよう工夫すべきです。

解 説

コーポレートガバナンス・コードでは，原則を「実施（コンプライ）しない理由」の説明を行う際，なぜ実施しないのか，会社の対応について株主等のステークホルダーの理解が十分に得られるよう工夫すべきとされています。また，「ひな型」的な表現により表層的な説明に終始することは「コンプライ・オア・エクスプレイン」の趣旨に反するものとされています。

英国の財務報告評議会（FRC）は，エクスプレインに必要な三つの要素[4]を示しており，日本でもエクスプレインする際に留意すべき点として参考になると思われるため紹介します。

一つ目は，会社の状況や歴史的背景を説明するなど，説得力のある合理性を備えた説明をすることです。

二つ目は，追加的なリスクに対応し，関連する原則の趣旨を達成するための代替的な対応を説明することです。原則自体にはコンプライできていなくても，その原則の趣旨を達成するための別の方法で対応している旨をエクスプレインすることで，実質的には当該原則をコンプライしていることを示すことができると考えられます。

---

[4] 財務報告評議会（FRC）"What constitute an explanation under 'comply or explain'" 2012年2月.

三つ目は，コーポレートガバナンス・コードの要求事項からの逸脱が時限的な場合，要求事項を実施（コンプライ）する予定がいつか示すことです。すぐにはコンプライできなくても，いずれコンプライする予定がある場合，単に実施予定である旨を記載するより，実施予定時期を具体的に示すほうが説得力を増すことができると考えられます。

Q-15 コーポレートガバナンス・コードの策定に伴う東京証券取引所の有価証券上場規程等の一部改正の概要

> コーポレートガバナンス・コードの策定に伴う東京証券取引所の有価証券上場規程等の一部改正の概要を教えてください。

A

　コーポレートガバナンス・コードを実施しない場合の理由の説明は，コーポレート・ガバナンス報告書に記載し，上場会社コーポレート・ガバナンス原則の尊重規定は，コーポレートガバナンス・コードの趣旨・精神の尊重規定に置き換えられました。また，上場会社が独立役員を指定する場合には，当該独立役員と上場会社との間の特定の関係の有無及びその概要を開示することになりました。

解説

1．背景

　コード原案では，外国会社や，JASDAQ・マザーズのような新興市場に上場する会社については，コード原案をそのままの形で適用することが適切でない場合が想定されるため，その取扱いに関する東京証券取引所による整理が期待されていました。東京証券取引所は，2015年2月24日に「コーポレートガバナンス・コードの策定に伴う上場制度の整備について」を公表し，パブリッ

ク・コメントを経て，2015年5月13日にコーポレートガバナンス・コードの策定に伴う有価証券上場規程等の一部改正を行いました。

2．概要
(1) コーポレートガバナンス・コードの策定に伴う制度整備

上場会社（外国会社を除く）は，コーポレートガバナンス・コードの諸原則を実施しない場合には，その理由を説明するものとしています。ただし，マザーズ及びJASDAQの上場会社は基本原則のみ実施しない場合に，その理由の説明が求められています。

また，「コーポレートガバナンス・コードを実施しない場合の理由の説明」は，コーポレート・ガバナンス報告書に記載するものとしています。同報告書に情報を集約することで，株主・投資家の利便を図ろうとするものです。なお，改正を反映したコーポレート・ガバナンス報告書は，2015年6月1日以後最初に開催する定時株主総会の日から6カ月を経過する日までに東京証券取引所に提出するものとされています。

さらに，「上場会社コーポレート・ガバナンス原則」の尊重規定は，コーポレートガバナンス・コードの趣旨・精神の尊重規定に置き換えています。コーポレートガバナンス・コードが「上場会社コーポレート・ガバナンス原則」を包含している関係にあるためです。

(2) 独立役員の独立性に関する情報開示の見直し

独立社外取締役の円滑な選任に資するため，独立性に関する情報開示が緩和されました。

上場会社が独立役員を指定する場合には，当該独立役員と上場会社との間の特定の関係の有無及びその概要を開示するように変更されました。上場会社が独立性を判断する際における過度に保守的な運用を是正することが目的です。

改正前は，独立役員が，過去に親会社・兄弟会社，主要な取引先，多額の金銭その他の財産を得ているコンサルタント等の業務執行者，近親者だった場合，または，現在，もしくは過去に主要株主の業務執行者だった場合には，独立性ありと判断した理由の説明が求められていました。改正後は，独立役員の属性を開示するのみでよいことになりました。

【独立役員の独立性に関する情報開示の見直し　イメージ】

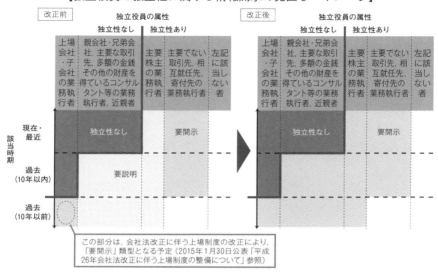

※図中で「要説明」の類型(いわゆる開示加重要件)を廃止し、「要開示」の類型(いわゆる属性情報)に統一するものです。
出所：東証「コーポレートガバナンス・コードの策定に伴う上場制度の整備について」(2015年2月24日)。

Q-16　適用対象会社

コーポレートガバナンス・コードが適用される対象会社を教えてください。

A

　コーポレートガバナンス・コードの適用対象会社は上場会社(外国会社を除く)であり、コーポレート・ガバナンス報告書の提出が義務付けられています。なお、基本原則、原則、補充原則のうち、市場により、実施しない場合の理由の説明が求められる原則範囲が異なります。

解 説

1．コーポレートガバナンス・コードが適用される対象会社

　コーポレートガバナンス・コードの適用対象会社は外国会社を除くすべての上場会社（市場第一部，市場第二部，マザーズ，JASDAQ）であり，コーポレート・ガバナンス報告書の提出が義務付けられています（有価証券上場規程第419条（東京証券取引所））。

　なお，上場会社（外国会社を除く）は，コーポレートガバナンス・コードを実施しない場合には，その理由を説明するものとしていますが，マザーズ及びJASDAQの上場会社は基本原則についてのみ，実施しない場合の理由の説明が求められています（有価証券上場規程第463条の3（東京証券取引所））。

　名古屋証券取引所も同様に，上場会社（外国会社を除く）は，コーポレートガバナンス・コードを実施しない場合には，その理由を説明するものとしていますが，セントレックスの上場会社は基本原則についてのみ，実施しない場合の理由の説明が求められています。

　福岡証券取引所及び札幌証券取引所では，すべての上場会社は，基本原則についてのみ，実施しない場合の理由の説明が求められています。

	東京証券取引所	名古屋証券取引所	福岡証券取引所	札幌証券取引所
「基本原則，原則，補充原則」を実施しない場合の理由を説明	市場第一部 市場第二部	市場第一部 市場第二部	―	―
「基本原則」部分を実施しない場合のみ理由を説明	マザーズ JASDAQ	セントレックス	本則市場 Q-Board	本則市場 アンビシャス

出所：各証券取引所ウェブサイトを基に筆者が表を作成。

2．海外におけるコーポレートガバナンス・コードが適用される対象会社

　英国では，FTSE350以外の上場会社[5]については一定の緩和措置がコーポレートガバナンス・コード上，明示されています。また，フランスでも，中小

規模上場会社[6]向けの Middlenext コードがあり，中小規模上場会社への配慮が行われています。

Q-17　適用開始日

> コーポレートガバナンス・コードが適用される開始日を教えてください。

A

コーポレートガバナンス・コードは，2015年6月1日より適用が開始されました。なお，新様式のコーポレート・ガバナンス報告書の提出は，初年度に限り6カ月の猶予期間があります。

解　説

コーポレートガバナンス・コードは，2015年6月1日より適用が開始されました。

上場会社は，定時株主総会後，遅滞なくコーポレート・ガバナンス報告書を提出するものとされています。ただし，2015年6月以後最初に開催する定時株主総会については，準備ができ次第速やかに提出することとし，遅くともその6カ月後までに，提出するものとされています。6月に定時株主総会を開催した3月決算会社の場合は，2015年12月までにコードに対応したコーポレート・ガバナンス報告書の提出が必要となります。

コード原案がパブリック・コメントに付されたのが2014年12月17日，コード原案が確定したのが2015年3月5日であることから，2015年6月1日に適用を開始するのは会社にとってあまりにも準備期間が短すぎるのではないか，との

5　ロンドン証券取引所に上場する会社のうち，時価総額上位350位以下の会社
6　株式の時価総額が10億ユーロ未満で，ユーロネクスト・パリ市場のコンパートメントB（中規模）またはC（小規模）に属する会社

実務担当者からの声も多く聞かれました。適用日を遅らせて十分な準備時間を会社に与えることが望ましい，と思われるところですが，コーポレートガバナンス・コードは「コンプライ・オア・エクスプレン」の手法を採用しており，たとえ2015年6月1日時点でコンプライできていなくても，エクスプレインすることで対応することができます。コーポレートガバナンス・コードの適用日を先延ばしするより，策定後速やかに適用することで，日本がコーポレートガバナンスの強化に真摯に取り組んでいるという姿勢を諸外国にアピールする必要もあったものと考えられます。

　なお，コーポレートガバナンス・コードが適用された2015年6月1日には，大東建託，みずほフィナンシャルグループ，サントリー食品インターナショナルがいち早く新様式のコーポレート・ガバナンス報告書を提出して話題となりました。

Q-18　コーポレートガバナンス・コード改訂の可能性

コーポレートガバナンス・コードが改訂される予定はあるのでしょうか。

A

　コーポレートガバナンス・コードの内容は経済的な環境や社会情勢に鑑み，時代に見合ったものにすることが求められるため，コードの定期的な見直しが期待されます。

解説

　日本では有識者会議での議論を経て，コーポレートガバナンス・コードが初めて制定されましたが，コーポレートガバナンス・コードの内容は経済的な環境や社会情勢に鑑み，時代に見合ったものにすることが求められます。改訂するのか，するとしたらどのような頻度かは未定ですが，コーポレートガバナ

ンス・コードの定期的な見直しが期待されます。

　なお，英国では2年毎にコーポレートガバナンス・コードが見直されており，たとえば2014年4月に改訂案が公表されると2014年9月に確定し，2014年10月1日以後開始する年度から適用されています。フランスではコーポレートガバナンス・コードが必要に応じて見直されています。ドイツでは，環境に応じて弾力的に運用されるべく，コーポレートガバナンス・コードが毎年見直されており，2015年2月に改訂案が公表され，2015年4月にパブリック・コメントが締め切られ，2015年5月に政府委員会による審議を経て2015年6月に改訂されました。

　日本のコーポレートガバナンス・コードは導入されて間もないため，すぐに見直されることは想定されてはいませんが，社会環境の変化に応じて，現代に見合ったコーポレートガバナンス・コードの見直しが，今後日本においても行われることが想定されます。

Q-19　適用のための5ステップ

コーポレートガバナンス・コードを適用するために，どのような対応が必要でしょうか。

A
　どのような対応が必要かは，会社が置かれている状況により異なりますが，まずはコーポレートガバナンス・コードの要求事項に照らして対応すべき課題を洗い出すことが必要です。

解　説
　コーポレートガバナンス・コードは「コンプライ・オア・エクスプレイン」の手法を採用していますので，コーポレートガバナンス・コード適用後，必ず

しもすべての項目をコンプライしなければならないわけではありません。

　多岐にわたるコーポレートガバナンス・コードの諸原則への対応は、必ずしもコーポレートガバナンス・コード適用後の最初の株主総会までの対応で終わる事項とは限らず、中長期的な取組みを視野に入れた対応が望まれます。準備が間に合わなかったものの、いずれコンプライする予定がある場合は、いつまでにコンプライする予定か、具体的な日程を示してエクスプレインすることが必要です。

　したがって、どのような対応が必要かは、会社が置かれている状況により異なるため、まずはコーポレートガバナンス・コードの要求事項に照らして対応すべき課題を洗い出すことが必要です。

　コーポレートガバナンス・コードを適用するためには、下記の5ステップによる対応が考えられます。

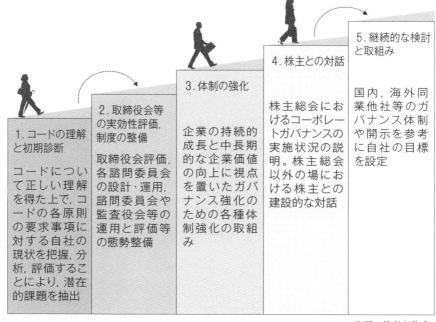

出所：筆者が作成。

1．コードの理解と初期診断
　コードについて正しい理解を得た上で，コードの各原則の要求事項に対する自社の現状を把握，分析，評価することにより，潜在的課題を抽出
2．取締役会等の実効性評価，制度の整備
　取締役会評価，各諮問委員会の設計・運用，諮問委員会や監査役会等の運用と評価等の態勢整備
3．体制の強化
　企業の持続的成長と中長期的な企業価値の向上に視点を置いたガバナンス強化のための各種体制強化の取組み
4．株主との対話
　株主総会におけるコーポレートガバナンスの実施状況の説明と株主総会以外の場における株主との建設的な対話
5．継続的な検討と取組み
　国内，海外同業他社等のガバナンス体制や開示を参考に自社の目標を設定

Q-20　コーポレートガバナンス・コード適用の担当者

コーポレートガバナンス・コードを適用するために対応すべき担当者は誰でしょうか。

A

　コーポレートガバナンス・コードへの対応は，取締役会や監査役会に加え，法務，IR，総務，経営企画，財務経理，内部監査などの会社のさまざまな部署に関連した取組みになるものと想定されます。

解 説

　ガバナンス向上の取組みには，経営陣の主体的な関与が重要であることはもとより，企業内部門を横断する全社的な取組みであることから，関係者の正しい理解と高い意識が欠かせません。コーポレートガバナンス・コードへの対応は，取締役会や監査役会に加え，法務，IR，総務，経営企画，財務経理，内部監査などの会社のさまざまな部署に関連した取組みになるものと想定されます。

　たとえば，取締役会（取締役）及び監査役会（監査役）が対応すべき事項は下記が想定されます。

関連機関	内　　容
取締役会（取締役）	・株主の利益を害する可能性のある資本政策の必要性・合理性の説明（原則1-6） ・経営理念の策定（原則2-1） ・行動準則の策定・改訂（原則2-2） ・行動準則の実践の定期的なレビュー（補充原則2-2①） ・サステナビリティーを巡る課題への対応（補充原則2-3①） ・内部通報の運用状況の監督（原則2-5） ・外部会計監査人の十分な監査時間の確保・外部会計監査人から経営陣幹部へのアクセスの確保・外部会計監査人と監査役，内部監査部門，社外取締役との十分な連携の確保・外部会計監査人が不正発見，不備や問題点を指摘した場合の体制の確立（補充原則3-2②） ・経営陣に対する委任の範囲の概要の開示（補充原則4-1①） ・中期経営計画が目標未達の場合の原因分析と次期以降の計画への反映（補充原則4-1②） ・後継者の計画（プランニング）の適切な監督（補充原則4-1③） ・経営陣の報酬の適切な設定（補充原則4-2①） ・経営陣幹部の適切な選任・解任（補充原則4-3①） ・業務執行と一定の距離を置く取締役の活用の検討（原則4-6） ・独立社外取締役の有効な活用（原則4-7） ・独立社外取締役の2名以上の選任・3分の1以上の選任の場合の取組み方針の開示（原則4-8） ・独立社外者のみを構成員とする会合の定期的開催（補充原則4-8①）

	・筆頭独立社外取締役の決定（補充原則4-8②） ・取締役の独立性判断基準の策定・開示（原則4-9） ・任意の諮問委員会等の設置（補充原則4-10①） ・取締役の選任に関する方針・手続の開示（補充原則4-11①） ・取締役の兼任状況の開示（補充原則4-11②） ・取締役会の実効性評価及びその結果概要の開示（補充原則4-11③） ・取締役会の審議の活性化（補充原則4-12①） ・取締役による追加情報提供の要請（補充原則4-13①） ・内部監査部門と取締役と監査役との連携の確保（補充原則4-13③） ・取締役のトレーニング（補充原則4-14①） ・取締役のトレーニングの方針の開示（補充原則4-14②） ・経営陣幹部または取締役による株主との面談（補充原則5-1①）
監査役会 （監査役）	・株主の利益を害する可能性のある資本政策の必要性・合理性の説明（原則1-6） ・外部会計監査人の評価基準の策定・独立性と専門性の有無の確認（補充原則3-2①） ・外部会計監査人の十分な監査時間の確保・外部会計監査人から経営陣幹部へのアクセスの確保・外部会計監査人と監査役，内部監査部門，社外取締役との十分な連携の確保・外部会計監査人が不正発見，不備や問題点を指摘した場合の体制の確立（補充原則3-2②） ・社外取締役との連携の確保（補充原則4-4①） ・財務・会計に関する適切な知見を有する者1名以上の選任（原則4-11） ・監査役の兼任状況の開示（補充原則4-11②） ・監査役による法令に基づく調査権限の行使等による適切な情報入手（補充原則4-13①） ・内部監査部門と取締役と監査役との連携の確保（補充原則4-13③） ・監査役のトレーニング（補充原則4-14①） ・監査役のトレーニングの方針の開示（補充原則4-14②）

出所：コーポレートガバナンス・コードを基に筆者が作成。

　社内でコーポレートガバナンス・コードの各原則に対応すべき主な部署や担当者は会社ごとに異なりますが，一例を示すと下記のとおりです。また，複数の部署や担当者が一つの原則に対応することもあるため，社内の連携も重要となります。

関連部署	内　容
法　務	・経営陣から独立した内部通報窓口の設置（補充原則2-5①）
IR・広報	・資本政策の基本的な方針の説明（原則1-3） ・政策保有に関する方針の開示（原則1-4） ・買収防衛策の必要性・合理性の説明（原則1-5） ・主体的な情報発信（経営理念・経営戦略・経営計画，コーポレートガバナンスに関する基本的な考え方と基本方針，取締役会による報酬決定方針と手続，取締役会による人事決定方針と手続，取締役会による人事の個々の選任・指名の説明）（原則3-1） ・英語での情報開示（補充原則3-1②） ・経営陣幹部または取締役による株主との面談（補充原則5-1①） ・株主との建設的な対話の促進（補充原則5-1②） ・株主構造の把握（補充原則5-1③） ・収益力・資本効率等に関する目標実現に向けた論理的で明確な説明（原則5-2）
総　務	・株主総会の反対票の分析（補充原則1-1①） ・株主総会の招集通知の早期発送・電子的公表（補充原則1-2②） ・株主総会関連日程の適切な設定（補充原則1-2③） ・株主総会の招集通知の英訳（補充原則1-2④） ・信託銀行等の名義で株式を保有する機関投資家等の議決権使に備えた信託銀行等との協議（補充原則1-2⑤）
人　事	・女性の活躍促進を含む多様性の確保（原則2-4）
財務経理	・関連当事者間取引の枠組みの開示（原則1-7）
内部監査	・内部監査部門と取締役と監査役との連携の確保（補充原則4-13③）

出所：コーポレートガバナンス・コードを基に筆者が作成。

Q-21　適用初年度の留意点

コーポレートガバナンス・コードの適用初年度で留意すべき点を教えてください。

A ....

　コーポレートガバナンス・コードの適用初年度では，コーポレートガバナンス・コードが先行導入されている海外の開示例を参照するのが有用です。

解　説 ....

　コーポレートガバナンス・コードの適用会社は，東京証券取引所から公表された「コーポレート・ガバナンスに関する報告書　記載要領（2015年6月改訂版）」に従って，新様式のコーポレート・ガバナンス報告書を作成する必要があります。新様式のコーポレート・ガバナンス報告書には，「コーポレートガバナンス・コードの各原則を実施しない理由」と「コーポレートガバナンス・コードの各原則に基づく開示」を記載することが求められているのみで，どのような内容を開示するのかについての具体的なひな型は公表されていません。日本はひな型があるとそれに頼る傾向があり，横並びの開示になりがちです。「ひな型」的な表現により表層的な説明に終始することは「コンプライ・オア・エクスプレイン」の趣旨に反するものとされていますので，会社が自らの言葉でガバナンスを語ることが求められています。

　とは言え，何か事例を参考にしたいところですが，特にコーポレートガバナンス・コードの適用初年度においては，どの会社もどのような開示を行うべきかについて手さぐり状態であり，お手本となるような開示例を見つけることは難しいかもしれません。そこで，コーポレートガバナンス・コードの適用初年度では，コーポレートガバナンス・コードが先行導入されている海外の開示例を参照することも有用と考えられます。自社と同業の海外会社の開示例を収集して比較分析したり，コーポレートガバナンスに関する開示が諸外国で高く評価されている会社[7]の開示を参照したりすることがたいへん有益であると思われます。

　　7　英国では，The Institute of Chartered Secretaries and Administrators（ICSA）がガバナンスに関する開示が優秀な会社を毎年公表しています。

Q-22 「スチュワードシップ・コード及びコーポレートガバナンス・コードのフォローアップ会議」の概要

「スチュワードシップ・コード及びコーポレートガバナンス・コードのフォローアップ会議」の概要を教えてください。

A

　ガバナンスへの取組みを実効性のあるものにするため，スチュワードシップ・コードとコーポレートガバナンス・コードの普及・定着を図るべくフォローアップ会議が設置されました。

解説

1．「スチュワードシップ・コード及びコーポレートガバナンス・コードのフォローアップ会議」の開催概要

　「『日本再興戦略』改訂2015」（平成27年6月30日閣議決定）には，「昨年2月に策定・公表された『スチュワードシップ・コード』及び本年6月に適用が開始された『コーポレートガバナンス・コード』が車の両輪となって，投資家側と会社側双方から企業の持続的な成長が促されるよう，積極的にその普及・定着を図る必要がある。」とあります。

　ガバナンスへの取組みが表面的なものではなく実効性のあるものにし，会社の持続的な成長と中長期的な企業価値の向上に資するものにするべく，「スチュワードシップ・コード及びコーポレートガバナンス・コードのフォローアップ会議」（以下，「フォローアップ会議」という）が設置されました。

(1) 日　程

第1回	平成27年9月24日
第2回	平成27年10月20日

出所：金融庁ウェブサイト。

第2章　コーポレートガバナンス・コードの概要　47

なお，第3回以降は月1回程度の頻度で開催予定。
(2) メンバー

座　長	池尾　和人	慶應義塾大学経済学部教授
メンバー	岩間　陽一郎	一般社団法人日本投資顧問業協会会長
	上田　亮子	㈱日本投資環境研究所主任研究員
	内田　章	東レ㈱常務取締役
	江良　明嗣	ブラックロック・ジャパン㈱運用部門コーポレート・ガバナンス・チーム責任者ヴァイス・プレジデント
	小口　俊朗	ガバナンス・フォー・オーナーズ・ジャパン㈱代表取締役
	川北　英隆	京都大学大学院経営管理研究部教授
	川村　隆	㈱日立製作所相談役
	神作　裕之	東京大学大学院法学政治学研究科教授
	神田　秀樹	東京大学大学院法学政治学研究科教授
	スコット　キャロン	いちごアセットマネジメント㈱代表取締役社長
	高山　与志子	ジェイ・ユーラス・アイアール㈱マネージング・ディレクター　取締役
	武井　一浩	弁護士（西村あさひ法律事務所）
	田中　正明	㈱三菱東京UFJ銀行上級顧問
	佃　秀昭	エゴンゼンダー㈱代表取締役社長
	冨山　和彦	㈱経営共創基盤代表取締役CEO
	西山　賢吾	野村證券㈱エクイティ・リサーチ部シニアストラテジスト
オブザーバー	竹林　俊憲	法務省民事局参事官
	中原　裕彦	経済産業省経済産業政策局産業組織課長
事務局	金融庁，㈱東京証券取引所	

(敬称略・五十音順)
出所：フォローアップ会議第1回　資料1。

2．フォローアップ会議で期待されていること

フォローアップ会議では主に三点について期待されています。

① スチュワードシップ・コード及びコーポレートガバナンス・コードの実施・定着状況のフォローアップ
② スチュワードシップ・コード及びコーポレートガバナンス・コードの普及・周知に向けた方策についての議論・助言
③ コーポレートガバナンスやスチュワードシップ責任の更なる充実に向けた議論

①については、形式だけでなく、実質を伴ったものとなっているか、ガバナンス体制の強化が経済の好循環につながっているか、企業と投資家の対話が建設的な形で進んでいるか、といった観点での議論が期待されています[8]。

Q-23 コーポレート・ガバナンス報告書の提出状況

コーポレート・ガバナンス報告書の提出状況を教えてください。

A

2015年8月末までに111社が新様式のコーポレート・ガバナンス報告書を開示し、東証一部・二部では約6割の会社が全ての原則を実施（コンプライ）しています。

解 説

1．コーポレート・ガバナンス報告書の提出状況の概観

上場会社は、定時株主総会後、遅滞なくコーポレート・ガバナンス報告書を提出するものとされていますが、コード適用初年度に限っては、遅くとも定時

---

8 第1回フォローアップ会議 資料3。

株主総会の6カ月後までに提出するものとされています。多くの3月決算会社は，2015年12月末までの提出に向けて準備を進めていると思われます。一方，株式会社東京証券取引所（東証）の調査によると，コード適用後3カ月の間に早くも新様式のコーポレート・ガバナンス報告書を提出した企業は，東証一部66社，東証二部2社，マザーズ8社，JASDAQ35社の合計111社あります[9]。

2．コーポレートガバナンス・コードの実施（コンプライ）状況

東証の調査によると，東証一部・東証二部の68社のうち，すべての原則を実施（コンプライ）している会社は41社（60.3％），一部の原則を説明（エクスプレイン）している会社は27社（39.7％）ありました[10]。

コーポレートガバナンス・コードが導入されてから歴史のある英国では，2014年にはじめてFTSE350の会社がすべての原則を実施（コンプライ）している割合が60％を超えました[11]。コーポレートガバナンス・コード適用初年度の日本ですべての原則を実施（コンプライ）している割合がすでに60％を超えているのはいかに驚異的なことであるかがわかります。

すべての原則を実施（コンプライ）するのが望ましいと考えるのが日本の文化なのかもしれませんが，コーポレートガバナンス・コードは「コンプライ・オア・エクスプレイン」の手法が採用されているため，説明（エクスプレイン）することが必ずしも悪いというわけではありません。拙速にすべての原則を実施（コンプライ）する必要はなく，コーポレートガバナンスへの対応に真摯に取り組む姿勢を説明（エクスプレイン）によって示すことが，株主との対話のベースになり得ます。

3．説明（エクスプレイン）している会社数が多い項目

東証の調査によると，説明（エクスプレイン）している会社数が一番多い項目は，補充原則4-11③の取締役会による取締役会の実効性に関する分析・評価，結果の概要の開示で，東証一部・東証二部の68社のうち，16社（23.5％）あり

9　第1回フォローアップ会議　資料4。
10　第1回フォローアップ会議　資料4。
11　Grant Thornton "Corporate Governance Review 2014"．

ました[12]。取締役会の実効性評価は日本に馴染みのない項目であり、多くの会社が対応に悩んでいることが窺えます。取締役会の実効性評価に関する実務がすでに定着している欧州では、取締役会の課題を明示し、その課題に対し翌年度にどのような対応策を行ったかを開示している開示例が多く見られます。そこまで開示している会社はまだ日本では多くは見られませんが、コーポレートガバナンス・コードの定着と共に、株主との対話の観点から、より積極的で具体的な開示が期待されます。

[12] 第1回フォローアップ会議 資料4

第3章

基本原則1
株主の権利・平等性の確保

　本章では，コーポレートガバナンス・コードの「第1章　株主の権利・平等性の確保」の基本原則・原則・補充原則の中から，主な項目について解説を行っています。

補充原則1-1①
　取締役会は，株主総会において可決には至ったものの相当数の反対票が投じられた会社提案議案があったと認めるときは，反対の理由や反対票が多くなった原因の分析を行い，株主との対話その他の対応の要否について検討を行うべきである。

Q-24　「相当数の反対票」とその対応方法　　補充原則1-1①

相当数の反対票とはどの程度の反対票数を意味すると考えればよいでしょうか。また，反対票の原因分析後にどのような対応が考えられるでしょうか。

A
　一律に何％という基準はありません。議案毎に反対票の分析を行い，株主と

の対話の要否を検討することが求められます。

解 説

　株主総会の普通決議では，賛成票が反対票より1票でも多ければ可決されますが，一定程度の反対票が投じられたという事実は，取締役会としては看過することができないはずです。相当数の反対票が投じられた場合の「相当数」をどの程度とするかは，取締役会の判断に委ねられるところですが，株主の権利行使に対する会社の姿勢が問われることになります。極端な話，1票でも反対票が入れば原因を分析する会社の場合，1票の重みを十分に理解している証拠にもなり，そのような会社の株主は，議決権行使を疎かにせず，真剣に1票を投じようとする投票行動にも繋がり得ます。

　また，一般に，議案の内容や性質によって，反対票が生じる割合は変わりますので，一律に5％や10％という比率を予め定めることも困難なことが多いと思われます。買収防衛策の導入に係る議案と通常の役員選任議案では，一般にその賛否割合に差があることは当初から想定されます。

　反対票を分析した結果，株主に対する十分な説明が不足していたことが原因と考えられる場合には，分析結果に応じて，株主総会，投資家説明会やIR活動などで説明することを検討する必要があります。また，必要と判断した場合には，株主との直接対話（面談）をする機会を設け，十分な説明責任を果たすことも考えられます。反対票を投じたすべての株主と対話をすることは現実的ではないので，対話を行うべき株主を，株主平等原則に反しない範囲で特定することも考えられます。また，株主との対話の際は，インサイダー情報に該当しない範囲で行わなければならない点にも留意が必要です。

　なお，反対票の原因分析の結果，取締役会が特段の対応を行うことは不要と判断した場合は，その旨を取締役会議事録に残す等の対応が考えられます。

> **補充原則1-1②**
> 　上場会社は，総会決議事項の一部を取締役会に委任するよう株主総会に提案するに当たっては，自らの取締役会においてコーポレートガバナンスに関する役割・責務を十分に果たし得るような体制が整っているか否かを考慮すべきである。他方で，上場会社において，そうした体制がしっかりと整っていると判断する場合には，上記の提案を行うことが，経営判断の機動性・専門性の確保の観点から望ましい場合があることを考慮に入れるべきである。

Q-25　取締役会に委任された総会決議事項とエクスプレインの関係　補充原則1-1②

> 一部のコーポレートガバナンス・コードについてコンプライするのに相当の準備期間を要するためエクスプレインする会社の場合，従来取締役会に委任していた総会決議事項は，一旦株主総会に戻す必要があるでしょうか。

A

　総会決議事項の一部を取締役会に委任することは経営判断の機動性確保等の観点から望ましいと考えられますが，実効性のあるガバナンス態勢が取締役会等に備わっていることが前提となります。

解説

　もし仮に，本来はコンプライすべき事項の多くが，実施されておらず代替的な施策も取られていないため，取締役会においてコーポレートガバナンスに関する役割・責務を十分に果たしうるような体制が実質的に整っていないと判断される状況である場合には，従来取締役会に委任していた総会決議事項は一旦株主総会に戻す必要があると考えるべきでしょう。

一方で，一部のコーポレートガバナンス・コードについて，コンプライするのに相当の準備期間を要するためエクスプレインしている場合においても，その理由に合理性があり，取締役会においてコーポレートガバナンスに関する役割・責務を十分に果たしうるような体制が実質的に整っている場合には，従来取締役会に委任していた総会決議事項を株主総会に戻す必要はないと考えられます。会社法が認める選択肢の中で，その意思決定の一部を取締役会に委任することは，経営判断に求められる機動性・専門性を確保する観点から合理的であると考えられます。

補充原則1-1③
　上場会社は，株主の権利の重要性を踏まえ，その権利行使を事実上妨げることのないよう配慮すべきである。とりわけ，少数株主にも認められている上場会社及びその役員に対する特別な権利（違法行為の差止めや代表訴訟提起に係る権利等）については，その権利行使の確保に課題や懸念が生じやすい面があることから，十分に配慮を行うべきである。

Q-26　少数株主を保護するために導入されている仕組み
補充原則1-1③

少数株主の権利行使の確保について課題や懸念が生じないよう，少数株主を保護するためにどのような仕組みが導入されているでしょうか。

A

政策保有株式の議決権行使に係る基準や独立社外取締役の独立性基準を適切に策定し開示することも少数株主の保護に繋がる仕組みであると考えられます。

解説

　少数株主の権利行使が確保されないおそれがあるものして，株式の持ち合い（政策保有）による議決権行使が挙げられます。不祥事や経営上の問題があっても，その是非を問うべき株主のうち，政策保有株式の株主が無条件で賛成票を投じる場合，少数株主の権利行使の確保が著しく阻害される結果となります。そのため，原則 1 - 4 では，上場会社は，政策保有株式に係る議決権の行使について，適切な対応を確保するための基準を策定・開示すべきとされています。一律に政策保有株式に係る議決権行使を禁止するのではなく，少数株主の納得が得られるような合理的な説明を求めることで，少数株主の権利が確保される仕組みとなっています。

　その他，本来取締役会の中で一般株主の利益を代弁する役割を期待されている独立社外取締役が，その独立性が十分確保されていないために，少数株主の利益を犠牲にして，現在の経営陣の利益を優先するといったことが懸念されます。そこで，社外取締役に独立性があるかについて，会社との間で特定の関係があるかどうかおよびその概要の開示を上場会社に求めることで，透明性の確保が図られ，独立性が十分確保されていない社外取締役により少数株主の利益が害されることを防止する仕組みが導入されています。

補充原則 1 - 2 ①

　上場会社は，株主総会において株主が適切な判断を行うことに資すると考えられる情報については，必要に応じ適確に提供すべきである。

Q-27　株主総会で株主が適切な判断をするための情報提供の方法
補充原則 1 - 2 ①

　株主総会において株主が適切な判断を行うことに資すると考えられる情報は，株主総会の招集通知の発送以外にどのような提供方法が考えられるで

しょうか。

A 　　　　　　　　　　　　　　　　　　　　　　　　　　　　　　
自社のウェブサイトや投資家向け会社説明会などが考えられます。

解 説 　　　　　　　　　　　　　　　　　　　　　　　　　　　
　株主総会において株主が適切な判断を行うことに資すると考えられる情報は，一般的には株主総会の招集通知の発送により提供されますが，それ以外にも，自社のウェブサイトで情報開示を行うことや，投資家向けの会社説明会を開催することが考えられます。
　なお，こうした情報開示を行う際は，開示される情報の的確性のみならず，全ての株主がこうした情報に平等にアクセスできるように留意する必要があります。

> **補充原則1-2②**
> 　上場会社は，株主が総会議案の十分な検討期間を確保することができるよう，招集通知に記載する情報の正確性を担保しつつその早期発送に努めるべきであり，また，招集通知に記載する情報は，株主総会の招集に係る取締役会決議から招集通知を発送するまでの間に，TDnetや自社のウェブサイトにより電子的に公表すべきである。

Q-28　株主総会招集通知の早期発送の考え方　　補充原則1-2②

株主総会の招集通知の早期発送とありますが，具体的には会社法で定める法定の発送期限よりもどれくらい早めればよいでしょうか。

A

　一律に基準はありません。情報の正確性を担保しつつ、なるべく早期に発送できる体制の構築が望まれます。

解説

　株主総会の招集通知は、株主がその内容を十分に検討できる時間を確保する観点から、できる限り早期に発送されることが望まれます。

　一方で、招集通知に記載する情報の正確性が担保されなければならず、不正リスクに対応した実効性ある会計監査が行われるための期間を十分確保するためには、決算期末から監査証明までの期間を短縮することには限界があるとも言われています。

　会社法上、公開会社及び書面や電磁的方法による議決権行使の定めがある非公開会社の場合、株主総会の2週間前までに招集通知を発送する必要があります（会社法219条）。

　2014年3月末日決算の東証の全上場会社を対象とした、東証データに基づき作成された資料[1]によれば、平均で株主総会の18日前に招集通知が発送されているのが現行の実務です。

　監査証明の日から招集通知発送期限までの期間を、招集通知の正確性を確保しつつどれだけ短縮できるのかについて、各社の状況に応じ、社内の関係部署間（経理、IR、総務など）で十分検討を行い、可能な限り早期発送を行うことが望まれます。現行の制度を踏まえると、2週間前をさらに1週間前倒した3週間前に発送できるかどうかを検討するのが現実的ではないかと考えられています[2]。また、TDnetや自社のウェブサイトによる電子的な公表により、書面作成、郵送にかかる時間を短縮し、遠隔地に住む株主とそうでない株主とで招集通知の受領日に差が生じないようにすることができます。

　1　第3回有識者会議資料3　事務局説明資料。
　2　第3回有識者会議議事録　内田メンバー。

> **補充原則1-2③**
> 上場会社は，株主との建設的な対話の充実や，そのための正確な情報提供等の観点を考慮し，株主総会開催日をはじめとする株主総会関連の日程の適切な設定を行うべきである。

Q-29　株主総会開催日に関する留意点　補充原則1-2③

株主総会開催日を適切に設定すべきとありますが，具体的にはどのようなことを考慮する必要があるでしょうか。

A
基準日から株主総会までの期間，総会議案の検討期間，総会集中日を避けた開催日設定などを考慮することが望まれます。

解 説

株主が熟慮する時間を十分に確保する観点からは，情報提供から株主総会開催日までの期間はできるだけ長いことが望ましいとされています。さらに，不正リスクに対応した実効性ある会計監査を確保する観点からは，決算期末から監査証明までの期間は，一定の期間を確保することが必要です。

株主総会日が集中していることにより，対話の機会を株主から奪うおそれがあることから，集中日を避けるよう株主総会日を設定するという考え方もあります。

会社法上，権利を行使することができる株主を確定するために「議決権の基準日」を定め，その効力は基準日から3カ月以内に行使するものに限られるとされています（会社法124条）。

日本企業の多くは，定款で事業年度末を基準日としているため，決算日から3カ月以内に株主総会が開催されています。ただし，事業年度末以外の日を基

準日とすることもできるため,たとえば,3月決算会社でも,7月以降に定時株主総会を開催することも現行法上で可能です。

一方で,基準日から株主総会までの間に株主の異動があると,株主総会で議決権を行使できる株主が株主総会時点では株主ではないケースが生じるため,基準日から株主総会開催日までの期間はできるだけ短いことが望ましいとされています。

株主総会で業績評価を踏まえて意思決定がなされるため,決算期末から株主総会開催日までの期間が長くなりすぎることは推奨できないものの,株主が熟慮する時間を十分に確保するという観点で,株主総会開催日を決算期末から3カ月を超えた日に設定することも考慮する必要があると考えられます。

> **補充原則1-2④**
> 上場会社は,自社の株主における機関投資家や海外投資家の比率等も踏まえ,議決権の電子行使を可能とするための環境作り(議決権電子行使プラットフォームの利用等)や招集通知の英訳を進めるべきである。

Q-30 議決権電子行使プラットフォームの概要と参加する際の留意点　補充原則1-2④

議決権電子行使プラットフォームとはどのようなものでしょうか。参加する際の留意点を教えてください。また,現在,どの程度の会社が採用しているのでしょうか。

A

東京証券取引所がBroadridge Financial Solutions, Inc.と共同で構築し,2004年7月から運用されているプラットフォームであり,現在までに多くの上場企

業が参加しています。

解説

議決権電子行使プラットフォームは株式会社東京証券取引所（東証）とBroadridge Financial Solutions, Inc.の合弁会社である株式会社ICJにより運用されています。

1990年代以降，株式持ち合いの解消が進む一方で海外を含む機関投資家の持株比率が高まったことから，投資家が適切に権利行使できる仕組み作りが求められました。こうした流れを受けて，東証がBroadridge Financial Solutions, Inc.と協力して，2004年7月に議決権電子行使プラットフォームを構築し，2005年12月期決算銘柄からサービスが提供されました。2015年11月10日現在で566社の上場企業が参加[3]しています。

議決権行使プラットフォームに参加することで，企業は株主サービスを充実させる，株主とのコミュニケーションを深める，議案の権利行使を予想するシュミレーションサービスを利用できる，等のメリットを享受することができます。参加意思のある会社は，期限前までに招集通知PDFファイルを事前登録することや，会社法298条1項4号及び4項に定める取締役会決議に基づく電磁的方法による議決権行使制度の採用が必要になること等に留意が必要です。

Q-31 株主総会招集通知の英訳を準備する必要性
補充原則1-2④

現状，招集通知の英訳を行っていませんが，コーポレートガバナンス・コード適用後の定時株主総会の招集通知から英訳を準備する必要があるでしょうか。

---

[3] 日本取引所グループウェブサイト。
http://www.jpx.co.jp/equities/improvements/voting-platform/

A

　英訳は全ての会社に必須ではありませんが，自社の現在及び将来の株主構成を考慮して判断することが望まれます。

解　説

　株主に十分な熟慮の時間を確保するという観点から，招集通知の英訳が奨励されていますが，企業が置かれている状況により異なります。海外で上場している会社や外国人株主の比率が高い会社は，株主が招集通知の内容を理解できるよう，招集通知の英訳を準備することが望ましいと考えられます。しかしながら，海外展開を行っていない会社や外国人株主の比率が低い会社の場合には，招集通知を英訳する必要性は必ずしも高くはないかもしれません。

　招集通知の英訳を準備することが望ましい会社で，時間的制約によりすぐに対応することが困難な場合は，いつまでに準備する予定であるかをエクスプレインすることが必要となると考えられます。また，必ずしも招集通知の英訳を行う必要がない会社は，なぜ必要がないかを合理的にエクスプレインすることが求められると考えられます。

　なお，2014年3月末日決算の東証の全上場会社を対象とした，東証データに基づき作成された資料[4]によれば，2014年3月決算の東証の上場会社のうち，招集通知の英文要約を提供している会社は，424社（12.5％）にすぎません。

　現在は招集通知の英訳を行う必要がない上場会社であっても，今後，外国人株主が増加することが想定される場合には，招集通知の英訳を検討する必要があると思われます。

4　第3回有識者会議資料3。

> **補充原則1-2⑤**
> 　信託銀行等の名義で株式を保有する機関投資家等が，株主総会において，信託銀行等に代わって自ら議決権の行使等を行うことをあらかじめ希望する場合に対応するため，上場会社は，信託銀行等と協議しつつ検討を行うべきである。

Q-32　名義株主でない機関投資家等の議決権行使の希望等への対応　補充原則1-2⑤

信託銀行等の名義で株式を保有する機関投資家等による株主総会における議決権の代理行使に備えて，どのようなことを検討する必要があるでしょうか。

A

名義株主でない機関投資家等からの株主総会への参加要請に備えて，あらかじめ対応方針を定めておくことが望まれます。

解説

　企業は名義株主ではない機関投資家等が株主総会で議決権を行使することを必ずしも認める必要はありませんが，機関投資家等から株主総会における議決権の代理行使の要求があった場合に備え，適切な対応方針を定めておくことが望まれます。名義株主以外の機関投資家を株主総会に参加させることを限定的に考える企業も多いですが，株主との対話を促進する観点からは，実質的な株主の総会参加を合理的な範囲で認める方向で検討することが期待されているものと考えられます。

　具体的な対応策については，各企業が機関投資家等と協議して決定する必要がありますが，適切な委任状を入手することは可能か，会社に合理的な対応が

可能となる程度の余裕を持たせるためにいつまでに希望を受け付けるか，等について検討することが考えられます。また，出席を認める場合においても，別室ないし会場での傍聴のみを認める，あるいは質問や議決権行使を含めて認める，など対応方法がいくつか想定されますので，この点についても方針を決めておく必要があります。

【原則1-3　資本政策の基本的な方針】
　上場会社は，資本政策の動向が株主の利益に重要な影響を与え得ることを踏まえ，資本政策の基本的な方針について説明を行うべきである。

Q-33　資本政策の基本的な方針についての説明方法　原則1-3

資本政策の基本的な方針について説明を行うべきとありますが，具体的にはどのような形で説明を行うことが考えられるでしょうか。

A
　各社の資本政策についての基本姿勢の説明が求められていると考えられます。

解　説
　「資本政策」と一口に言ってもさまざまな意味に解釈されますが，その解釈自体も各社の判断に委ねられていると言えます。一般的には，配当政策や自己資本比率に係る方針等が考えられますが，より具体的には，自己株式の取得や売却に係る基本方針あるいは自己資本利益率（ROE）やデット・エクイティ・レシオなども資本政策の一つとなり得ます。いずれにせよ，各社それぞれが，その企業価値の最大化に向けて，資本政策についてどのような考え方（基本方針）を持っているのかが明らかになるような説明が求められているものと考え

られます。

　説明の場としては，株主総会，IR説明会などで説明するほか，有価証券報告書やアニュアルレポート等の開示書類の中で説明する方法が考えられます。仮に，資本政策の基本的な方針に変更がある場合には，適時性も考慮する必要があると考えられます。

【原則1－4　いわゆる政策保有株式】
　上場会社がいわゆる政策保有株式として上場株式を保有する場合には，政策保有に関する方針を開示すべきである。また，毎年，取締役会で主要な政策保有についてそのリターンとリスクなどを踏まえた中長期的な経済合理性や将来の見通しを検証し，これを反映した保有のねらい・合理性について具体的な説明を行うべきである。
　上場会社は，政策保有株式に係る議決権の行使について，適切な対応を確保するための基準を策定・開示すべきである。

Q-34　政策保有株式に関する方針の説明方法　原則1－4

政策保有に関する方針を開示すべきとありますが，具体的には，どのような形で説明することが求められるでしょうか。

A
　個別銘柄ごとの開示が求められているわけではなく，全体としての方針を明確に説明することが期待されています。

解説
　政策保有株式は，いわゆる持ち合い株式と呼ばれますが，資本効率の低下に

よる一般株主との利益相反や議決権行使の形骸化・空洞化などの懸念が従来指摘されていました。このような観点から株式の持ち合いは，合理的な理由がない限り，解消すべきものという考え方が本原則からは窺えます。一方で，株式の持ち合いの全てを解消することが求められているわけではありません。保有を継続する場合には，政策保有株式が十分な経済的リターンを企業にもたらしていること，たとえば，持ち合いを通じた事業提携等が企業価値の向上に繋がっていることなどを，十分に検討の上で説明することが求められているものと考えられます。

　日本では，多くの上場会社が政策保有株式を保有しています。過去に業務提携の強化を目的として相互に保有したものが，その後取引関係がなくなったにもかかわらず，売却せずに保有し続けているケースも少なくないと思われます。

　内閣府令では，政策保有目的（純投資目的以外の目的）で議決権を有する上場株式を保有している場合に，貸借対照表計上額が資本金額の1％を超える銘柄，その株式数，貸借対照表計上額，具体的な保有目的について開示すべき旨が定められています。コードでは，開示するだけにとどまらず，なぜ政策保有株式を保有しているかという説明義務を加えることで，企業に対し，合理的な理由がなく保有している政策保有株式を手放すよう促し，株主の利益が確保されるよう適切なガバナンスの確保を求めています。

　また，個々の保有銘柄ごとの開示が個別に求められるというよりは，政策保有に関する方針の開示であり，グループ全体としての方針を，対話を通じて説明することが求められていると解すべきと考えられます。

> 【原則1-5 いわゆる買収防衛策】
> 　買収防衛の効果をもたらすことを企図してとられる方策は，経営陣・取締役会の保身を目的とするものであってはならない。その導入・運用については，取締役会・監査役は，株主に対する受託者責任を全うする観点から，その必要性・合理性をしっかりと検討し，適正な手続を確保するとともに，株主に十分な説明を行うべきである。

Q-35　買収防衛策の株主への説明方法とそのタイミング
原則1-5

> 買収防衛策についての株主への説明は，具体的にはいつ，どのような方法で実施されることが考えられるでしょうか。

A
　基本的には各社の判断ですが，事業報告書や有価証券報告書での開示に加えて意見表明報告書での開示なども考えられます。

解 説
　買収防衛策が導入されるか否か，導入された場合にはどのように運用されるかは，株主や投資家に対して大きな影響を与えることが想定されるため，取締役会としての考え方を明確に説明することが求められます。買収防衛策についての具体的な説明時期やその方法に決まりはありませんので，基本的には各上場会社の合理的な判断に委ねられていると考えられます。

　会社法や金融商品取引法においては，買収防衛策の基本方針やライツ・プランの内容について，事業報告及び有価証券報告書における開示が求められており，すでに適切な開示が行われている場合は，コンプライしていると整理できるという考え方もあります[5]。

なお，金融商品取引法上の意見表明報告書で開示することも考えられます[6]。意見表明報告書とは，金融商品取引法に基づき公開買い付けされる株券等の発行者が，当該公開買い付けに関する意見等を表明した文書であり，外部に公表されます。意見表明報告書には，「公開買い付けに関する意見の内容，根拠及び理由」の記載が必要になりますので，意見表明報告書において取締役会としての考え方を明確に説明することで，取締役会や監査役が株主に対する受託者責任を果たす一助になることが期待されます。

【原則1-6　株主の利益を害する可能性のある資本政策】
　支配権の変動や大規模な希釈化をもたらす資本政策（増資，MBO等を含む）については，既存株主を不当に害することのないよう，取締役会・監査役は，株主に対する受託者責任を全うする観点から，その必要性・合理性をしっかりと検討し，適正な手続を確保するとともに，株主に十分な説明を行うべきである。

Q-36　支配権の変動や大規模な希釈化をもたらす資本政策とは
原則1-6

支配権の変動や大規模な希釈化をもたらす資本政策とは，例示されている増資，MBO以外にどのようなものが考えられるでしょうか。

5　コーポレートガバナンス・コードへの対応に向けた考え方［Ⅱ］（商事法務　No.2067　2015年5月5日）。
6　「コーポレートガバナンス・コード原案」の解説［Ⅱ］（商事法務　No.2063　2015年3月25日）。

A ....
　大規模な株式譲渡，新株予約権の発行などが考えられます。

解　説 ....

　株主の利益を害する可能性のある資本政策を実施する際には，法令等への遵守に加えて，株主に対する受託責任を果たすための適切な対応を取ることが必要です。そうした資本政策の代表例として大規模な増資やMBOが挙げられていますが，これらはあくまでも例示であり，実際にこれらの例示以外にも株主の利益を害する可能性がある資本政策が行われる場合には留意が必要です。これらの例示以外で一般的に支配権の異動や希薄化をもたらす資本政策としては，株式譲渡，新株予約権の発行，ストック・オプションの付与，新株予約権付社債の発行などが考えられます。

【原則1-7　関連当事者間の取引】
　上場会社がその役員や主要株主等との取引（関連当事者間の取引）を行う場合には，そうした取引が会社や株主共同の利益を害することのないよう，また，そうした懸念を惹起することのないよう，取締役会は，あらかじめ，取引の重要性やその性質に応じた適切な手続を定めてその枠組みを開示するとともに，その手続を踏まえた監視（取引の承認を含む）を行うべきである。

Q-37　関連当事者間の取引に係る開示内容　原則1-7

関連当事者間の取引を行う場合，取引の重要性やその性質に応じた適切な手続を定めてその枠組みを開示する必要がありますが，具体的にはどのような開示を行うことが考えられるでしょうか。

A

　実質的に利益相反の可能性がある取引について，あらかじめ手続を定め，開示することが求められています。

解説

　利益相反の可能性がある会社と関連当事者との取引について，たとえば，取引の事前申告や検討・承認のプロセスをあらかじめ定めた上で，これを開示することが求められています。取締役会の審議に際して利害関係者を排除した決議を行うことのほか，独立役員や任意の諮問委員会による審議，外部専門家や有識者の活用などの方法も考えられます。

　関連当事者取引については，すでに会社法計算書類や有価証券報告書等において開示が求められていますが，本原則では会社法や金融商品取引法等における要求事項にとらわれず，実質的に利益相反の可能性がある取引全般をその対象としています。一律に開示項目が定められるものではなく，各社がその実態に応じて開示項目を検討する必要がありますが，現在関連当事者間取引がない場合でも，将来発生する関連当事者間取引に備えて，事前に手続を定めておく必要があると考えられます。

Q-38　有価証券報告書の関連当事者情報に追加して開示すべき内容　原則1-7

有価証券報告書の関連当事者情報において，関連当事者取引に係る開示が行われていますが，この開示のみで十分でない場合，具体的にはどのような開示が必要になると考えられるでしょうか。

A

　実質的な利益相反性に着目して開示を行うことが期待されます。

解説

　一部の関連当事者取引については，有価証券報告書において開示が求められていますが，以下の取引については開示の対象外とされているため，これらの取引の開示の要否を検討することが必要になると考えられます。
　１．連結財務諸表を作成するにあたって相殺消去した取引
　２．一般競争入札による取引並びに預金利息及び配当の受取りその他取引の性質からみて取引条件が一般の取引と同様であることが明白な取引
　３．役員に対する報酬，賞与及び退職慰労金の支払い
　関連当事者間の取引の重要性やその性質に応じた適切な手続の枠組みは，現行の開示に関する規則等では開示が要求されていませんが，コーポレートガバナンス・コードでは，関連当事者間取引が生じた際，社内においてどのようなプロセスを経て承認されるかについて文書化し，その内容を開示することが求められています。
　なお，役員報酬については，有価証券報告書上はコーポレート・ガバナンスの状況の中で開示が求められていますが，個人別の役員報酬の金額開示は１億円以上の者に限定されているため，開示の十分性を検討する必要があると考えられます。

第4章

基本原則2
株主以外のステークホルダーとの適切な協働

　本章では，コーポレートガバナンス・コードの「第2章　株主以外のステークホルダーとの適切な協働」の基本原則・原則・補充原則の中から，主な項目について解説を行っています。

【基本原則2】の考え方

　上場会社には，株主以外にも重要なステークホルダーが数多く存在する。これらのステークホルダーには，従業員をはじめとする社内の関係者や，顧客・取引先・債権者等の社外の関係者，更には，地域社会のように会社の存続・活動の基盤をなす主体が含まれる。上場会社は，自らの持続的な成長と中長期的な企業価値の創出を達成するためには，これらのステークホルダーとの適切な協働が不可欠であることを十分に認識すべきである。また，近時のグローバルな社会・環境問題等に対する関心の高まりを踏まえれば，いわゆるESG（環境，社会，統治）問題への積極的・能動的な対応をこれらに含めることも考えられる。

　上場会社が，こうした認識を踏まえて適切な対応を行うことは，社会・経済全体に利益を及ぼすとともに，その結果として，会社自身にも更に利益がもたらされる，という好循環の実現に資するものである。

Q-39 ESG 問題とは　基本原則2

ESG（環境，社会，統治）問題とは何でしょうか。

A

社会や環境といった課題への企業の対応が世界的にも注目されるようになってきました。投資の観点からも，持続的な成長という観点から ESG に配慮する企業への関心が高まっています。

解 説

ESG 問題とは，Environment, Social, Governance の頭文字をとった，環境，社会および企業統治の問題を指しています。

ESG という言葉は，2006年4月にニューヨーク証券取引所において，当時のコフィー・アナン国連事務総長が発表した責任投資原則 PRI（Principles for Responsible Investment）において使われ，注目を浴びました。この原則の中で，企業の長期的な投資価値を判断する際には，ESG 課題に対する企業の取組みを考慮することが提唱されています。PRI は世界共通のガイドライン的な性格を持ち，国連環境計画・金融イニシアティブ（UNEPFI）並びに国連グローバル・コンパクト（UNGC）が推進しています。

この原則の中では以下の事項が宣言されています。

1. 私たち（機関投資家）は投資分析と意志決定のプロセスに ESG の課題を組み込みます。
2. 私たちは活動的な（株式）所有者になり，（株式の）所有方針と（株式の）所有慣習に ESG 問題を組み入れます。
3. 私たちは，投資対象の主体に対して ESG の課題について適切な開示を求めます。
4. 私たちは，資産運用業界において本原則が受け入れられ，実行に移さ

第4章　基本原則2　株主以外のステークホルダーとの適切な協働　73

れるように働きかけを行います。
5．私たちは、本原則を実行する際の効果を高めるために、協働します。
6．私たちは、本原則の実行に関する活動状況や進捗状況に関して報告します。

出所：責任投資原則 PRI（Principles for Responsible Investment）。

　ESG問題への取組みは世界的な動きとなっており、PRI Association のウェブサイトによると、2015年10月現在で PRI に1401機関（日本35機関）が署名しています。

【原則2-2　会社の行動準則の策定・実践】
　上場会社は、ステークホルダーとの適切な協働やその利益の尊重、健全な事業活動倫理などについて、会社としての価値観を示しその構成員が従うべき行動準則を定め、実践すべきである。取締役会は、行動準則の策定・改訂の責務を担い、これが国内外の事業活動の第一線にまで広く浸透し、遵守されるようにすべきである。

Q-40　行動準則の浸透程度　原則2-2

行動準則が国内外の事業活動の第一線にまで広く浸透し、遵守されるようにすべきとありますが、どの程度まで浸透させるべきでしょうか。

A
　近年の企業不祥事のいくつかには、国内・海外の子会社を含めた企業の第一線まで健全な企業倫理が浸透していなかったことにその一因があるものが見られます。実効性のあるコーポレートガバナンスには健全な行動準則の浸透とそ

の確認の継続が必須です。

解説

　具体的な指針は示されていませんが，会社の価値は従業員が創っていくものと考えると，その価値を創出する基礎となる行動準則は，従業員一人ひとりまで浸透させるべきとも考えられます。

　行動準則を浸透させる具体的な方法としては，行動準則の冊子を配布する，イントラネットに行動準則を掲載し閲覧可能にする等があります。海外の子会社等への行動準則の展開は特に難しく，なかなか浸透しないことや，浸透しているかの確認すら難しい場合が想定されます。

　海外の子会社等に対する行動準則の浸透方法については，言語の壁を克服するために，行動準則を現地の言葉に翻訳する等の工夫が必要になります。

　取締役会は，行動準則が広く実践されているか否かについて，適宜または定期的にレビューを行うべきであり，レビューの結果を考慮し，適宜行動準則の改訂を行うというプロセスを繰り返すことで，内実のある有効な行動準則が浸透し，遵守されることが期待されています。

補充原則2−2①

　取締役会は，行動準則が広く実践されているか否かについて，適宜または定期的にレビューを行うべきである。その際には，実質的に行動準則の趣旨・精神を尊重する企業文化・風土が存在するか否かに重点を置くべきであり，形式的な遵守確認に終始すべきではない。

Q-41　行動準則のレビューとJ-SOXにおける全社的な内部統制との違い　　補充原則2−2①

第4章 基本原則2 株主以外のステークホルダーとの適切な協働

> 取締役会によって行われる行動準則のレビューは，金融商品取引法に基づく財務報告に係る内部統制監査（J-SOX）における全社的な内部統制（CLC）とは異なるものなのでしょうか。

A
　両者は重複しますが，財務報告に係る内部統制に着目する金融商品取引法に基づく財務報告に係る内部統制監査（J-SOX）の観点よりも，行動準則はより広範な目的を対象としています。

解説
　コーポレートガバナンス・コードにおける行動準則のレビューは，取締役会によって行われるのに対し，金融商品取引法に基づく財務報告に係る内部統制監査（J-SOX）における全社的な内部統制（CLC）の評価は，経営者（もしくは経営者によって任命された内部監査部の担当者や従業員）によって行われます。
　また，コーポレートガバナンス・コードでいう行動準則のレビューとは，実質的に行動準則の趣旨・精神を尊重する会社の文化・風土が存在するか否かに重点が置かれるのに対し，金融商品取引法に基づく財務報告に係る内部統制監査（J-SOX）では，倫理基準や行動規範などが，適切に整備・運用されているかというところに着目されています。
　よって，コーポレートガバナンス・コードにおける行動準則のレビューのほうが，より広範囲・長期的な視点に立って行われるものであると考えられます。

Q-42 行動準則のレビューの頻度　補充原則2-2①

> 行動準則のレビューの頻度は，1年に1回，もしくは数年に1回で十分で

しょうか。海外子会社も含め，循環棚卸のようなレビューを考えています。

A

レビューの頻度はさまざまです。定期的に繰り返し浸透状況を確認する体制が必要ですが，状況に応じて確認の方法に濃淡をつけることも検討すべきです。

解説

特に指針は示されていませんが，会社の経営者や経営理念等に大きな変更がなければ，1年に1回，もしくは数年に1回で足りる場合もあり得ると想定されます。重要なのは，会社の文化や風土が実質的に国内外の第一線までに浸透し，尊守されているかを確認することであり，そうでない場合，具体的な対応策を考えることにあります。ここで言う，具体的な対応策とは，浸透，尊守される方法を模索する場合もありますし，浸透されるような行動準則の策定や改訂を検討する場合もあります。

行動準則が浸透しているか確認する方法として，定期的に，従業員全員から何名かの従業員を選び，行動準則を読み理解しているかを直接インタビューして確認するなどの確認体制を構築している会社もあります。

一般的に，親会社から距離が遠いほど，すなわち国内子会社よりは海外子会社のほうが，また，親会社との関係が薄いほど，すなわち子会社よりは孫会社のほうが，親会社が目指す文化や風土が浸透しにくいことが想定されます。特に海外子会社は，親会社からのガバナンスが機能しにくく，不正事例も多く報告されていることから，海外子会社において行動準則が浸透しているかどうかの確認は重要です。海外の子会社等についても，現地の責任者に従業員が行動準則を読み理解しているか確認してもらう，もしくは，監査役や内部監査部の担当者が海外子会社往査を行う際に確認する，といった対応を検討する必要があります。

第4章 基本原則2 株主以外のステークホルダーとの適切な協働

> 【原則2-3 社会・環境問題をはじめとするサステナビリティーを巡る課題】
> 　上場会社は，社会・環境問題をはじめとするサステナビリティー（持続可能性）を巡る課題について，適切な対応を行うべきである。

Q-43　サステナビリティーとは　原則2-3

社会・環境問題をはじめとするサステナビリティー（持続可能性）とは何でしょうか。

A

　企業の持続的成長が社会的側面からの企業の存在価値と密接に関連することは言うまでもありません。自社の事業価値や戦略的優位性と併せて，社会や環境への対応状況を説明することが求められています。

解説

　「サステナビリティー（持続可能性）」とは，1987年の国連「環境と開発に関する世界委員会」（ブルントラント委員会）の「持続可能な開発」がベースとなり，「将来の世代の欲求を満たしつつ，現在の世代の欲求も満足させるような開発」を意味しています[1]。
　ここでは具体的には，長期的な会社の価値向上のための対策を指します。この価値は，顧客・従業員・株主・サプライヤーなどの社内外のステークホルダーにより創造されるものであり，この対策は事業計画（戦略）とマネジメント，及び情報開示の二つの側面から推進されます。

1　外務省ウェブサイト。
　http://www.mofa.go.jp/mofaj/gaiko/kankyo/sogo/kaihatsu.html

価値創造につながるサステナビリティー計画とそれを実現するアクションプランの策定においては，新興国の経済成長，気候変動，自然資源の逼迫（ひっぱく）など深刻化する環境問題や社会的問題のメガトレンドを見据え，事業活動と連動したサステナビリティー戦略を策定すること，取組みの価値の把握，そして取組みの進捗を捉える計測可能な指標の設定が必要となります。このような新たな課題に積極的に取り組む会社が，同業他社との差別化を図ることができ，会社の社会的存在意義を高めることができるでしょう。ひいてはグローバルなリーディングカンパニーとしてその戦略的競争優位からもたらされる価値を享受できるものと考えられています。

　規制への対応や業界の足並みを揃えた社会・環境対策を中心とした「守り」のサステナビリティー経営は，リスク最小化というメリットは大きいものの，会社の価値を向上させるという点では十分ではありません。リーディングカンパニーは，サステナビリティー分野において先進的な取組みを行っており，新しい価値観の醸成により新たな市場・顧客を開拓し，更には社会・環境分野の課題解決の新しいトレンドを生み出し，社会的存在意義を高めています[2]。

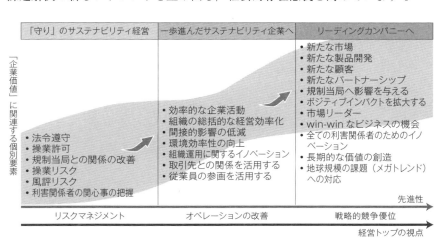

出所：PwC Japan ウェブサイト。

2　PwC Japan ウェブサイト。
　http://www.pwc.com/jp/ja/japan-service/sustainability/sustainability-info-disclosure.jhtml

対策を誤るまたは対策を講じないと会社の評判を落としかねない，ということも十分理解しながら，会社に合う具体的な計画を進めていくべきと考えられます。

> **補充原則 2-3①**
> 　取締役会は，サステナビリティー（持続可能性）を巡る課題への対応は重要なリスク管理の一部であると認識し，適確に対処するとともに，近時，こうした課題に対する要請・関心が大きく高まりつつあることを勘案し，これらの課題に積極的・能動的に取り組むよう検討すべきである。

Q-44　サステナビリティーを巡る課題への対応策
補充原則 2-3①

> サステナビリティーを巡る課題への対応として，具体的にはどのような対応が考えられるでしょうか。

A
　統合報告のフレームワークは，サステナビリティーを巡る課題への対応とその情報開示を整理するためにも有用です。

解説
　会社のサステナビリティーは，長期的な会社の価値向上のためのアプローチであり，戦略とマネジメント，及び情報開示の二つの側面から推進される必要があります。
　サステナビリティーを巡る情報開示の要請は多様化しています。
　CorporateRegister.com の調査によると，CSR・サステナビリティレポート

を発行する会社におけるGRI（Global Reporting Initiative）ガイドラインへの準拠の割合は増加し続けており，多くの会社にとってGRIガイドラインが非財務情報開示における重要な基準となっています[3]。一方で，DJSI（Dow Jones Sustainability Index）やCDP（Carbon Disclosure Project）などの格付けを含むさまざまなステークホルダーが，サステナビリティーにかかわる開示を要請しているため，求められる情報は多様化しています。

国際統合報告協議会（IIRC）が進める統合報告は，会社の社会的責任（CSR：corporate social responsibility）とサステナビリティマネジメントを事業活動の核に組み込むことで，情報開示の側面から長期的な会社の価値向上を図るものです。今後このようなアプローチがグローバルなスタンダードになるものと考えられます[4]。

【原則2-4 女性の活躍促進を含む社内の多様性の確保】
上場会社は，社内に異なる経験・技能・属性を反映した多様な視点や価値観が存在することは，会社の持続的な成長を確保する上での強みとなり得る，との認識に立ち，社内における女性の活躍促進を含む多様性の確保を推進すべきである。

Q-45 女性の活躍促進が推し進められている海外の実例
原則2-4

女性の活躍促進を含む社内の多様性の確保に関し，女性の活躍促進が推し

---

[3] PwC Japan ウェブサイト。
 http://www.pwc.com/jp/ja/japan-service/sustainability/sustainability-info-disclosure.jhtml
[4] PwC Japan ウェブサイト。
 http://www.pwc.com/jp/ja/japan-service/sustainability/sustainability-csr-report-advisory.jhtml

進められている海外の実例を教えてください。

A
欧州諸国では，女性登用比率等について，クオータ（Quota）制と呼ばれる割当て制度を導入している国もあります。

解説
女性比率を引き上げるよう目標を掲げている国として，フランスや英国があります。

フランスの AFEP/MEDEF コード（2013年6月改訂）6.4.では，「2010年の株主総会または会社の株式が規制市場に上場された日のいずれか遅い日から3年以内に女性取締役比率を少なくとも20％，6年以内に40％に引き上げてこれを維持することを目標とする」と明記されています。

英国のコードには，女性取締役比率の具体的な比率は明示されていませんが，ビジネス・イノベーション・職業技能省（BIS：Business Innovation and Skills）が毎年FTSE350[5]企業を対象とした調査報告書[6]を公表しています。2015年3月公表の報告書では，対象をFTSE100会社[7]に限定すると，女性取締役比率が2011年の12.5％から2014年は23.5％に向上しているとあります。BISが設定した英国の目標は，2015年までに女性取締役比率25％を達成することであり，明確な「割当て（quota）」を示しています。

これらは，欧州委員会（EC）が2013年11月に公表した，2020年までに女性取締役比率40％を目指すという動きとも連動していると言えます。

---

5 ロンドン証券取引所に上場している株式時価総額上位350社。
6 "Women on boards-Davies Review Annual Report 2015"（March 2015）
7 ロンドン証券取引所に上場している株式時価総額上位100社。

Q-46 「社内の多様性の確保」の判断基準　原則2-4

女性の活躍促進を進めることで，多様性を確保できたと言えるでしょうか。

A

多様性（Diversity）は，性別のみならず，経験・技能など多面的な観点から検討するべきです。

解 説

女性の活躍促進を進めることで，社内の多様性は高まりますが，必ずしも確保できたとは言えません。女性の活躍促進によって，属性についての多様性は一部確保されますが，その他にも国籍や民族という属性についても検討が必要かもしれません。経験・技能といった視点は，性別には必ずしも直接関係ありません。また，経験の多様性を考えるに際しては，業務を遂行上の経験のみならず，生まれてから現在までの経験，すなわち，異なる文化・地域の中での経験といった要素を考えることも必要です。また，技能といった視点は，スペシャリストを育成するという欧米諸国の考え方にも近いものがあり，一般的にジェネラリストを良しとしてきた日本企業の文化を少しずつ変えていくものであるかもしれません。女性の活躍促進に関わらず，多様な人材を確保することで，企業全体が変化に対応しやすくなり，視野が広がると考えられます。

第4章 基本原則2 株主以外のステークホルダーとの適切な協働

> **補充原則2-5①**
> 上場会社は、内部通報に係る体制整備の一環として、経営陣から独立した窓口の設置（例えば、社外取締役と監査役による合議体を窓口とする等）を行うべきであり、また、情報提供者の秘匿と不利益取扱の禁止に関する規律を整備すべきである。

Q-47 内部通報に関する窓口の設置の具体例　補充原則2-5①

内部通報に係る体制整備の一環として、経営陣から独立した窓口の設置を行う必要がありますが、社外取締役と監査役による合議体を窓口とする他にどのような対応が考えられるでしょうか。

A

内部通報制度の整備は、コンプライアンス違反に係る情報収集窓口となるだけでなく、不正の抑止等にも効果があります。窓口を適切に整備し、関係者にその周知を図ることが重要です。

解説

経営陣から独立した窓口の設置として、全くの第三者機関（たとえば外部の弁護士事務所）に窓口を委ねる、という方法も考えられます。また、昔ながらのご意見箱を設けるという方法もあります。その他、筆跡がわからないようにパソコンに通報の内容を入力し、印刷してご意見箱に投函してもらうという方法も考えられます。内部通報には、ホットライン（電話線）やイントラネットを使用した方法がありますが、通報先の顔がわからないと通報する側も不安ですので、通報先の顔写真を掲示している会社もあるようです。

窓口をどのようなものにしたとしても、情報提供者の秘匿と不利益取扱の禁止に関する規律を整備することが重要となります。

第5章

基本原則3
適切な情報開示と透明性の確保

本章では、コーポレートガバナンス・コードの「第3章 適切な情報開示と透明性の確保」の基本原則・原則・補充原則の中から、主な項目について解説を行っています。

> 【基本原則3】
> 　上場会社は、会社の財政状態・経営成績等の財務情報や、経営戦略・経営課題、リスクやガバナンスに係る情報等の非財務情報について、法令に基づく開示を適切に行うとともに、法令に基づく開示以外の情報提供にも主体的に取り組むべきである。
> 　その際、取締役会は、開示・提供される情報が株主との間で建設的な対話を行う上での基盤となることも踏まえ、そうした情報（とりわけ非財務情報）が、正確で利用者にとって分かりやすく、情報として有用性の高いものとなるようにすべきである。

Q-48 非財務情報とは　基本原則3

非財務情報とは何でしょうか。

A ....

　非財務情報にはさまざまな定義があります。企業価値や事業戦略は，財務情報と非財務情報の両面から外部に説明されることが必要です。

解　説 ....

　非財務情報は，財務情報以外の情報であるという意見もありますし，有価証券報告書上の経理の状況以外のパートであるという意見もあります。また，より狭い意味では，「環境，社会，企業統治」（ESG）情報とほぼ同義に使われている場合もあります。非財務情報の明確な定義は存在していないのが現状です。

　このように非財務情報を捉える枠組はさまざまであり，利用する目的によってさまざまな観点から財務以外の情報が分類され明示されています。とりわけコーポレートガバナンス・コードにおいては，会社の持続的な成長と中長期的な企業価値の向上を図るための対話の促進が期待されており，その実効性を高めるためにも，投資家は，会社が中長期にわたりどのように価値を創造するか，という情報が開示及び提供されることを期待していると考えられます。

　たとえば，原則3-1において示されている「会社の目指すところ（経営理念等）」は，会社のミッションや社訓などを指すと考えられ，企業の価値創造プロセスの基本となる経営戦略や経営計画の大きな方向性を定める基礎となるものと考えられます。このような経営理念等と経営戦略・経営計画，さらにリスク情報やガバナンスに係る情報などが相互に関連付けられた形で示される場合には，株主を含むステークホルダーにとって，企業がどのように中長期的な事業価値の向上を図ろうとしているかを知るために有用な非財務情報となり得ます。

Q-49　非財務情報の開示要素　基本原則3

　非財務情報を開示する際，具体的には何を開示するとよいのでしょうか。

A ....

　コーポレートガバナンス・コードの原則で開示が求められている事項に留意することはもちろん，企業の価値創造プロセスについてストーリーのある説明を行うことが望まれます。その際には統合報告のフレームワークが参考になると考えられます。

解 説 ....

　コーポレートガバナンス・コードで開示が求められている諸原則には以下の11項目があります。

原　　則	内　　容
【原則1-4．いわゆる政策保有株式】	上場会社がいわゆる政策保有株式として上場株式を保有する場合には，政策保有に関する方針を開示すべきである。また，毎年，取締役会で主要な政策保有についてそのリターンとリスクなどを踏まえた中長期的な経済合理性や将来の見通しを検証し，これを反映した保有のねらい・合理性について具体的な説明を行うべきである。 　上場会社は，政策保有株式に係る議決権の行使について，適切な対応を確保するための基準を策定・開示すべきである。
【原則1-7．関連当事者間の取引】	上場会社がその役員や主要株主等との取引（関連当事者間の取引）を行う場合には，そうした取引が会社や株主共同の利益を害することのないよう，また，そうした懸念を惹起することのないよう，取締役会は，あらかじめ，取引の重要性やその性質に応じた適切な手続を定めてその枠組みを開示するとともに，その手続を踏まえた監視（取引の承認を含む）を行うべきである。
【原則3-1．情報開示の充実】	上場会社は，法令に基づく開示を適切に行うことに加え，会社の意思決定の透明性・公正性を確保し，実効的なコーポレートガバナンスを実現するとの観点から，（本コードの各原則において開示を求めている事項のほか，）以下の事項について開示し，主体的な情報発信を行うべきである。 (i)　会社の目指すところ（経営理念等）や経営戦略，経営計画 (ii)　本コードのそれぞれの原則を踏まえた，コーポレートガ

	バランスに関する基本的な考え方と基本方針 (iii) 取締役会が経営陣幹部・取締役の報酬を決定するに当たっての方針と手続 (iv) 取締役会が経営陣幹部の選任と取締役・監査役候補の指名を行うに当たっての方針と手続 (v) 取締役会が上記(iv)を踏まえて経営陣幹部の選任と取締役・監査役候補の指名を行う際の，個々の選任・指名についての説明
補充原則4-1①	取締役会は，取締役会自身として何を判断・決定し，何を経営陣に委ねるのかに関連して，経営陣に対する委任の範囲を明確に定め，その概要を開示すべきである。
【原則4-8．独立社外取締役の有効な活用】	独立社外取締役は会社の持続的な成長と中長期的な企業価値の向上に寄与するように役割・責務を果たすべきであり，上場会社はそのような資質を十分に備えた独立社外取締役を少なくとも2名以上選任すべきである。 　また，業種・規模・事業特性・機関設計・会社をとりまく環境等を総合的に勘案して，自主的な判断により，少なくとも3分の1以上の独立社外取締役を選任することが必要と考える上場会社は，上記にかかわらず，そのための取組み方針を開示すべきである。
【原則4-9．独立社外取締役の独立性判断基準及び資質】	取締役会は，金融商品取引所が定める独立性基準を踏まえ，独立社外取締役となる者の独立性をその実質面において担保することに主眼を置いた独立性判断基準を策定・開示すべきである。また，取締役会は，取締役会における率直・活発で建設的な検討への貢献が期待できる人物を独立社外取締役の候補者として選定するよう努めるべきである。
補充原則4-11①	取締役会は，取締役会の全体としての知識・経験・能力のバランス，多様性及び規模に関する考え方を定め，取締役の選任に関する方針・手続と併せて開示すべきである。
補充原則4-11②	社外取締役・社外監査役をはじめ，取締役・監査役は，その役割・責務を適切に果たすために必要となる時間・労力を取締役・監査役の業務に振り向けるべきである。こうした観点から，例えば，取締役・監査役が他の上場会社の役員を兼任する場合には，その数は合理的な範囲にとどめるべきであり，上場会社は，その兼任状況を毎年開示すべきである。
補充原則4-11③	取締役会は，毎年，各取締役の自己評価なども参考にしつ

	つ,取締役会全体の実効性について分析・評価を行い,<u>その結果の概要を開示</u>すべきである。
補充原則4-14②	上場会社は,取締役・監査役に対する<u>トレーニングの方針</u>について開示を行うべきである。
【原則5-1.株主との建設的な対話に関する方針】	上場会社は,株主からの対話(面談)の申込みに対しては,会社の持続的な成長と中長期的な企業価値の向上に資するよう,合理的な範囲で前向きに対応すべきである。取締役会は,<u>株主との建設的な対話を促進するための体制整備・取組みに関する方針</u>を検討・承認し,<u>開示</u>すべきである。

出所:東証「コーポレートガバナンス・コードの策定に伴う上場制度の整備について」(2015年2月24日)。

　このように,コーポレートガバナンス・コードにおいて一定の開示を求める事項はありますが,チェックリストとして形式的に対応するのではなく,会社が中長期にわたりどのように価値を創造するかについての情報を,開示・提供することに主眼を置くことが重要であると考えられます。国際統合報告評議会(IIRC:International Integrated Reporting Council)の統合報告フレームワークでは,八つの内容要素(A 組織概要と外部環境,B ガバナンス,C ビジネスモデル,D リスクと機会,E 戦略と資源配分,F 実績,G 見通し,H 作成と表示の基礎)[1]が示されており,財務情報及び非財務情報を相互に関連させ,また結合させながら統合報告書として開示することにより,会社の中長期的な価値の創造をストーリーで語ることが肝要であると考えられます。

Q-50　非財務情報の開示の媒体　基本原則3

非財務情報を開示する際,具体的には何に開示するとよいのでしょうか。

1　国際統合報告フレームワーク日本語訳(IIRC)(2014年3月)4.内容要素。

A

　開示メディアの選択と使い分けが求められますが，統合的開示を意識することが有用でしょう。

解 説

　非財務情報に関する開示は，有価証券報告書，コーポレート・ガバナンス報告書，CSR 報告書等の紙面や PDF 等による報告書形式や，ウェブサイトでの開示を行うことが一般的です。

　また，会社の目指すところ（オブジェクティブ，経営理念等），経営戦略，経営計画はウェブサイトやウェブサイトにおいて動画で紹介されたり，定量情報は比較可能な XBRL 等のデータ形式で提供されたりするなど，開示する非財務情報の性質に応じて，開示メディアを使い分けることが考えられます。

　同一または同様の内容の情報を，複数の媒体で二重に開示する不効率を排除するために，たとえば，コーポレート・ガバナンス報告書上で，開示されているウェブサイトなどを参照する形式も認められています。財務情報と非財務情報を体系的，統合的に開示するためには，IIRC の統合報告フレームワーク等に基づく開示も有効であると考えられます。

Q-51　リスク情報を開示する際の留意点　基本原則3

　リスク情報を開示する際の注意点や留意点は何でしょうか。

A

　重要なリスクに焦点を充てること，ビジネスモデルや事業戦略とのつながりを意識することを考慮しましょう。

解説

　リスク情報は、会社の持続的な成長と中長期的な企業価値の向上に影響を阻害する要因となるリスクの識別・分析・対応等を含む、リスクに関する一連の情報の開示が求められると解されます。

　リスクに関する情報の開示を行う際には、重要なリスクを強調し、かつ、より具体的に開示することに留意が必要です。事業のグローバル化、経済社会の高度化・複雑化が進む中、会社が抱えるリスクはますます多様性を持つようになっています。有価証券報告書において見られるようにリスクを一覧で示している会社が多くありますが、一般的なリスクの開示にとどまっている会社が多いのが実情です。しかし、情報の利用者の立場からは、何が重要なリスクで、そのリスクが戦略にどのように影響し、またどのようにリスクに対応していくのか、あるいはリスクの状況がどのように変わり、その変化と潜在的なパフォーマンスとの関係はどの程度なのかといった点の開示が有用です[2]。すなわち、会社によるリスクに対する本質的な洞察とそれによる重要なリスク、リスク管理プロセスなどが情報として提供されることが期待されていると考えられます。

Q-52　ガバナンスに係る情報を開示する際の留意点　基本原則3

　ガバナンスに係る情報を開示する際の注意点や留意点は何でしょうか。

A

　投資家との建設的対話を促進する観点から、企業のビジネスモデルや事業戦略を支えるものとしてガバナンスに係る情報が提供されることが望まれます。

2　統合報告を見据えた企業情報開示の課題と挑戦～日本と英国の調査結果からの示唆～日本語版（あらた監査法人）（2014年11月）。

解 説

　ガバナンスに係る情報には，会社の持続的な成長と中長期的な企業価値の向上とその価値創造能力をどのようにガバナンスが支えているのかが理解できるような開示が求められると解されます。

　コーポレートガバナンスは，リスクの回避・抑制や不祥事の防止といった「守りのガバナンス」，すなわちコンプライアンス重視の側面が強調されがちですが，そのようなコンプライアンスの域を超え，取締役会の活動や各取締役のスキル・経験，そしてそれがどのように相互作用しているか，あるいは適時適切な戦略的意思決定ができる体制になっているかなどを説明することにより，コーポレートガバナンスの開示は生きたものになると考えられます。実際，コーポレートガバナンスに関する開示から価値を享受している会社もいくつかあり，そういった会社は，取締役会が重視している価値や取締役がチームとして効率的に協力している事実など，どのような有効な統治が行われているかをより具体的に開示に含めています[3]。

Q-53　リスク情報やガバナンスに係る情報以外の非財務情報を開示する際の留意点　基本原則3

リスク情報やガバナンスに係る情報以外の非財務情報を開示する際の注意点や留意点は何でしょうか。

A

　統合報告のフレームワークが参考になります。

3　統合報告を見据えた企業情報開示の課題と挑戦〜日本と英国の調査結果からの示唆〜日本語版（あらた監査法人）（2014年11月）。

解 説

　リスク情報やガバナンスに係る情報以外の非財務情報には，国際統合報告評議会（IIRC）の統合報告フレームワークの八つの内容要素のうち，組織概要と外部環境，ビジネスモデル，戦略と資源配分などがありますが，非財務情報を開示する際には，IIRCの統合報告フレームワークで示されている七つの指導原則（A　戦略的焦点と将来志向，B　情報の結合性，C　ステークホルダーとの関係性，D　重要性，E　簡潔性，F　信頼性と完全性，G　首尾一貫性と比較可能性）[4]が参考になります。

　いずれにしても，コードにおいては，会社の持続的な成長と中長期的な企業価値の向上を図るための対話の促進が期待されており，それを実効せしめるためにも，投資家は，会社が中長期にわたりどのように価値を創造するかを意識した情報の開示及び提供が期待されています。

Q-54　法令に基づく開示以外の情報提供への対応策　　基本原則3

法令に基づく開示以外の情報提供にも主体的に取り組むべきとありますが，具体的にはどのような情報提供，対応策が考えられるでしょうか。

A

　法定開示資料（有価証券報告書等）における追加的な任意情報開示，法定開示資料以外の媒体（アニュアルレポートやCSR報告書）による情報開示のいずれもが重要です。

解 説

　上場会社においては，通常，会社法に基づく公告や株主等への直接開示，金

　4　国際統合報告フレームワーク日本語訳（IIRC）（2014年3月）3．指導原則。

融商品取引法に基づく有価証券報告書等による開示などが求められるほか，法令に基づく開示ではないものの，上場証券取引所の規則に基づく決算短信など，実質的に法令に準じた強制力をもった開示要求に対応することが求められています。これらの開示に関する法令等では，具体的に開示すべき項目や開示にあたっての様式が詳細に定められているところであり，企業間の比較可能性には優れているものの，提供される情報に具体性を欠くという指摘もあります。

「法令に基づく開示以外の情報提供」としては，これらの法定で要求される開示書類において追加的な情報を開示する方法と，法定で要求されていない方法による開示を会社自ら行う方法とが考えられます。

コーポレートガバナンス・コードの原則3-1では，主体的な情報発信の項目として，以下の項目を列挙しています。

> 1．会社の目指すところ（経営理念等）や経営戦略，経営計画
> 2．コーポレートガバナンスに関する基本的な考え方と基本方針
> 3．取締役会が経営陣幹部・取締役の報酬を決定するに当たっての方針と手続
> 4．取締役会が経営陣幹部の選任と取締役・監査役候補の指名を行うに当たっての方針と手続
> 5．取締役会が経営陣幹部の選任と取締役・監査役候補の指名を行う際の，個々の選任・指名についての説明

対応策の一つとして，これらの項目を既存の法令に基づく開示書類に含めて開示するという方法が考えられます。既に開示が求められている事項に関連付けて，上記の情報を会社の実情にあわせて開示することで，コーポレートガバナンスへの取組みについての情報を利害関係者に提供する方法です。

ほかの対応策として，これらの情報を含んだ開示を法定の要求とは別に行う方法が考えられます。昨今では，多くの会社がCSR報告書やアニュアルレビューと称する書類を自主的に作成し，会社のホームページ等で常時閲覧可能な状態にするなどの対応が行われています。また，投資家向けの説明会等で経営戦略や経営計画等を告知する活動も行われています。

なお，昨今の企業活動の国際化，投資家の投資行動のボーダレス化を踏まえ，コーポレートガバナンス・コードの補充原則3-1②では，英語での情報開示も進めるべきだとしています。こうした開示も法令に基づく開示以外の情報提供の一環であると考えられます。

Q-55 株主との間の建設的な対話とは 基本原則3

株主との間の建設的な対話とは，具体的にはどのようなものでしょうか。

A

株主をはじめとするステークホルダーの視点や期待を理解した上で，企業自らが対話に対して能動的に取り組むことが求められています。

解 説

かつて，わが国では，一定の議決権を持った株主が権利の濫用をちらつかせて金品等の要求をし，会社側も円滑な株主総会運営のために一定の金品の提供を余儀なくされていたという，株主と会社との不健全な関係が取り沙汰されていた時代がありました。商法改正等により，そのような株主への利益供与を厳格に否定された後も，株主は会社の円滑な事業運営を阻害する存在として取り扱われ，必ずしも株主と会社とのコミュニケーションは所有と経営の分離がなされた形として想定する適切な関係を具現化したものではなかったと言えます。

こうした歴史を踏まえれば，株主と会社とが持続的な成長と中長期的な企業活動の向上に資することのできるよう，十分な相互のコミュニケーションが求められるところであり，コードでも，株主との建設的な対話を求めています。

この点について，投資家の諸原則である「日本版スチュワードシップ・コード」の理解が重要です。「日本版スチュワードシップ・コード」では，その原則において，機関投資家に対して，投資先企業の状況の的確な理解，投資先企

業の持続的成長に資するための議決権行使等と合わせて「投資先企業との建設的な『目的をもった対話』を通じての投資先企業との認識の共有，問題の改善に努めるべき」としており，そのために，投資先企業やその事業環境に関する深い理解に基づき，当該企業との対話やスチュワードシップ活動に伴う判断を適切に行うための実力をつけるべき，と投資家に求めています。

このように，会社の持続的な成長及び中長期的な企業活動の向上という，株主及び会社共通の目的のもと，会社や会社を取り巻く事業環境についての相互理解を促進させ，有益なフィードバックを受けることのできるように株主の実力を蓄えつつ自らも成長していくという，双方にとって有益な相互作用を与えることのできるコミュニケーションを「建設的な対話」として捉えることが考えられます。

具体的には，会社から株主に対して意見を求める活動や，会社が主体的に設定した「決算報告会」等の場面における株主との対話が，株主総会以外の「建設的な対話」の機会として考えられます。

Q-56 有用性の高い非財務情報を開示するための方法
基本原則3

> 開示する非財務情報が，正確でわかりやすく有用性が高いものにするために，どのような対応が必要でしょうか。

A

企業の価値創造プロセスを説明すること，その上でリスクや重要課題に焦点を置いたストーリのある情報開示を行うことが期待されます。

解 説

株主等のステークホルダーが要求する情報はさまざまですが，その中で根幹

を占めるのは，会社が中長期にわたりどのように価値を創造するかというプロセスにかかわる情報の開示と言えます。価値創造プロセスを評価するために，重要課題に焦点を当てた簡潔な情報開示を行うことが「分かりやすく有用性の高いもの」になるものと考えられます。

会社とステークホルダーにとっての重要課題に焦点を当てた開示を行うためには，たとえばマテリアリティ・アセスメント（重要課題の評価と特定）を行い，課題における戦略や行動計画に KPI（Key Performance Indicator）・KRI（Key Risk Indicator）を設定し，目標達成に向けた進捗を把握することが必要となります。このような一連のプロセスにおいて，取締役会は対話を通じてステークホルダーの期待を課題として正しく理解し，戦略を行動計画に落とし込み，KPI・KRI を通じて目標達成のための監視・管理を行うことが必要となります。ステークホルダーの期待を正しく理解することは情報の正確性や透明性の高い情報開示の基礎の形成にも役立ちます。

また，取締役会は主導的な立場を発揮して，非財務情報の作成及び開示にかかるプロセスの確立やモニタリングの実施及び強化を行うことが求められます。最近では非財務情報の重要性が高まる中，その正確性や信頼性を担保する施策がいくつか提示されています。これには，たとえば国際統合報告評議会（IIRC）より公表された「統合報告に関する保証～議論に向けて～」にもあるような統合報告に対する保証業務の拡充などがありますが，これらは各主体のイニシアティブの下で，非財務情報の開示の信頼性を高める努力が必要です。

補充原則3-1①
　上記の情報の開示に当たっても，取締役会は，ひな型的な記述や具体性を欠く記述を避け，利用者にとって付加価値の高い記載となるようにすべきである。

Q-57 利用者にとって付加価値の高い情報開示とは
補充原則3-1①

情報の開示にあたり，ひな型的な記述や具体性を欠く記述を避け，利用者にとって付加価値の高い記載とする必要がありますが，付加価値の高い記載とはどのような記載なのでしょうか。

A

「書かざること」のリスクを意識する開示姿勢が求められます。

解 説

情報の開示に際しては，適時かつ正確に開示を行うことに加えて，開示される内容の充実が図られるべきと考えます。法令に基づく情報開示については，「書くこと」のリスク（たとえば結果的に記載が虚偽となってしまうこと等のリーガルリスク）が意識されることが多いですが，コードに基づく情報開示の関係では，「書かざること」のリスク（十分な情報提供を行わないこと等によるマーケットリスク）の認識を上場会社に対して求めています[5]。

近時，持続的な企業価値創造のために企業と投資家の建設的な対話を重視する流れの中で，財政状態・経営成績等の財務情報のみならず，経営戦略・経営課題，リスクやガバナンスに係る情報等の非財務情報の開示に対する期待はますます膨らんでいます。

これらを事業の内容，企業の戦略，リスク，ガバナンスなどの状況とは無関係に，ひな型的に記述し，または具体性を欠く抽象的な記述をするのでは意味を成しません。

会社の持続的な成長及び中長期的な企業活動の向上のための対話の促進をす

---

5 「コーポレートガバナンス・コード原案」の解説［Ⅲ］（商事法務 No.2064 2015年4月5日）。

る上でも，会社の外側にいて情報の非対称性の下におかれている株主等のステークホルダーと認識を共有し，その理解を得るために，正確性，分かりやすさ，情報としての有用性を確保した十分な情報を効果的かつ効率的に開示及び提供することが必要となります。

このような適切な情報の開示及び提供には，例えば，国際統合報告評議会（IIRC）が提案する統合報告の視点を取り入れて，外部環境に照らして，企業の戦略，ガバナンス，パフォーマンス，見通しがどのように中長期の価値を創造していくのかをストーリーをもって語ることにより，株主等のステークホルダーのニーズを満たしていくことも考えられます。

また，コンプライ・オア・エクスプレインの手法の下では，コーポレートガバナンス・コードの各原則（基本原則・原則・補充原則）などを機械的，画一的に遵守しなくとも，個別事情に照らして，中長期的な企業価値の向上のために実施することが適切ではない場合には，「それを実施しない理由」を十分に説明することにより一部の原則を実施しないことができます。

この際，会社は，実施しない原則に係る自らの対応について株主等のステークホルダーの理解が十分に得られるように工夫すべきであり，ひな型的な表現により表層的な説明に終始するのでは意味がありません[6]。

この場合は，ステークホルダーの理解に資する，具体的かつ合理的な説明を行うことが求められています。

補充原則3-1②
　上場会社は，自社の株主における海外投資家等の比率も踏まえ，合理的な範囲において，英語での情報の開示・提供を進めるべきである。

6　コーポレートガバナンス・コード原案　序文　経緯及び背景。

Q-58 英語による情報開示を進めるうえでの「合理的な範囲」の判断基準　補充原則3−1②

自社の株主における海外投資家等の比率を踏まえ、合理的な範囲において英語での情報の開示・提供を進めるべきとありますが、合理的な範囲はどのように考えるのがよいでしょうか。

A

各社の状況に鑑みて、費用と便益を比較衡量したうえで決定することが求められます。また、現時点の海外投資家比率だけでなく、将来の株主構成等も意識しましょう。

解説

昨今、企業活動の国際化、投資家の投資行動のボーダレス化が進むなか、わが国における海外投資家の比率が約3割に上っています。この場合、企業と投資家の情報の非対称性のみならず、言語の違いによる情報の非対称性を極力減らす努力が求められます。一方で、「合理的な範囲において」とされていることから窺えるように、海外投資家比率が著しく低い場合や海外事業展開をほとんど行っていない場合にまで、英語での情報開示を求める趣旨ではありません。

合理的な範囲をどのように考えるかは、英語により情報伝達する対象の重要性（海外投資家やその他の海外のステークホルダーの比率など）、開示される情報の性質・範囲・重要性（財政状態・経営成績等の財務情報や、経営戦略・経営課題、リスクやガバナンスに係る情報等の非財務情報）とともに、英語での開示に伴うコストとベネフィットなどを総合的に勘案して各社の実情を踏まえて決定されるべきものと考えられます。

> **補充原則3-2①**
> 監査役会は，少なくとも下記の対応を行うべきである。
> (ⅰ) 外部会計監査人候補を適切に選定し外部会計監査人を適切に評価するための基準の策定
> (ⅱ) 外部会計監査人に求められる独立性と専門性を有しているか否かについての確認

Q-59 監査役会による外部会計監査人の評価基準の策定
補充原則3-2①

監査役会は，どのような外部会計監査人の評価基準を策定すればよいでしょうか。

A

平成26年会社法改正により，会計監査人の選解任議案の決定は監査役会が行うこととなりました。外部会計監査人の評価基準は会社ごとに作成されるべきですが，国内や諸外国で既に公表されている監査品質に係る各種資料を参考にすることも有用です。

解説

平成26年会社法改正により，監査役会設置会社における会計監査人の選解任議案の決定権が取締役会から監査役会に移りました（改正会社法第344条）。本補充原則では，監査役会による外部会計監査人の選解任に際して評価基準を策定することを求めています。

外部会計監査人の評価基準を策定するにあたっては，日本監査役協会「会計監査人の選解任等に関する議案の内容の決定権行使に関する監査役の対応指針」や日本公認会計士協会の監査基準委員会報告書260「監査役等とのコミュ

ニケーション」に基づく要求事項について受領した報告内容，あるいは，企業会計審議会「監査に関する品質管理基準」，日本公認会計士協会の監査基準委員会報告書220「監査業務における品質管理」の内容などを参考にすることが考えられます。

外部会計監査人が監査品質を維持し適切に監査しているか評価するためには，会計監査人から情報を入手し，監査を遂行するために十分かを評価することが考えられます。なお，平成27年11月10日に公益社団法人日本監査役協会より「会計監査人の評価及び選定基準策定に関する監査役等の実務指針」が公表されています。

【会計監査人の評価基準項目例】[7]

第1 監査法人の品質管理
1-1　監査法人の品質管理に問題はないか。
1-2　監査法人から，日本公認会計士協会による品質管理レビュー結果及び公認会計士・監査審査会による検査結果を聴取した結果，問題はないか。
第2 監査チーム
2-1　監査チームは独立性を保持しているか。
2-2　監査チームは職業的専門家として正当な注意を払い，懐疑心を保持・発揮しているか。
2-3　監査チームは会社の事業内容を理解した適切なメンバーにより構成され，リスクを勘案した監査計画を策定し，実施しているか。
第3 監査報酬等
3-1　監査報酬（報酬単価及び監査時間を含む。）の水準及び非監査報酬がある場合はその内容・水準は適切か。
3-2　監査の有効性と効率性に配慮されているか。
第4 監査役等とのコミュニケーション
4-1　監査実施の責任者及び現場責任者は監査役等と有効なコミュニケーションを行っているか。

---

[7]　会計監査人の評価及び選定基準策定に関する監査役等の実務指針（公益社団法人日本監査役協会会計委員会　平成27年11月10日）

	4－2	監査役等からの質問や相談事項に対する回答は適時かつ適切か。
第5	経営者等との関係	
	5－1	監査実施の責任者及び現場責任者は経営者や内部監査部門等と有効なコミュニケーションを行っているか。
第6	グループ監査	
	6－1	海外のネットワーク・ファームの監査人若しくはその他の監査人がいる場合，特に海外における不正リスクが増大していることに鑑み，十分なコミュニケーションが取られているか。
第7	不正リスク	
	7－1	監査法人の品質管理体制において不正リスクに十分な配慮がなされているか。
	7－2	監査チームは監査計画策定に際し，会社の事業内容や管理体制等を勘案して不正リスクを適切に評価し，当該監査計画が適切に実行されているか。
	7－3	不正の兆候に対する対応が適切に行われているか。

　平成26年改正会社法では，会計監査人の選解任等の議案決定権は取締役会から監査役（会）に移行し（会社法第344条），従前より，公開会社は「会計監査人の解任又は不再任の決定の方針」（会社法施行規則126条4号）を事業報告の内容として記載しなければならないとされていますので，こちらの要請も満たすように考慮する必要があります。

Q-60　監査役会による外部会計監査人が独立性と専門性を有しているか否かの確認方法　補充原則3-2①

監査役会は，外部会計監査人に求められる独立性と専門性を有しているか否かについての確認をどのように行うことが考えられるでしょうか。

A

　監査役会は，会計監査人の職務の遂行が適正に行われることを確保するための体制について，外部会計監査人からの説明を受ける必要があります。

解 説

　外部会計監査人は，監査及び会計の専門家であると同時に，独立した第三者として監査意見を形成するため，監査の実施に当たって公正不偏の態度を保持（精神的独立性）し，特定の利害関係を有さず，その疑いを招く外観を呈さない（外観的独立性）ことが強く要求されています。監査人の独立性要件は，精神的独立性とともに，経済的独立性（投資や金銭貸借など），身分的独立性（雇用関係，家族関係など），独立性を損なう恐れのある非監査サービスの同時提供の禁止，会社と監査人との馴れ合いや癒着関係を絶つローテーションなど，複雑かつ多岐にわたります。

　会社計算規則第131条において，会計監査人は（特定）監査役（会）に対して，独立性に関する事項その他監査に関する法令及び規程の遵守に関する事項，監査，等業務の契約の受任及び継続の方針に関する事項，会計監査人の職務の遂行が適正に行われることを確保するための体制に関するその他の事項を通知することが求められています。監査役会が，当該通知を会計監査人から受けると同時に，その内容について説明を受けることで，外部会計監査人の独立性や専門性を確認することが考えられます。

　また，改正公認会計士法第28条の2において監査証明業務を行った公認会計士（監査法人の業務執行社員を含む）に対しては，当該会社に対する一定の就業制限が課せられますが，このような独立性の阻害要因を未然に排除する観点から，監査法人の業務執行社員の雇用その他の独立性に関する正式な方針を導入することも考えられます。

　なお，コーポレートガバナンス・コードの原則4-11では，監査役には，財務・会計に関する適切な知見を有している者が1名以上選任されるべきであるとされています。これは，監査役が外部会計監査人の評価を適切に行うため，また，監査役会と外部会計監査人の連携において実効性を確保する観点からも，監査役会には財務・会計に関する知見が求められると考えられるからです。

> **補充原則3-2②**
> 　取締役会及び監査役会は，少なくとも下記の対応を行うべきである。
> (i)　高品質な監査を可能とする十分な監査時間の確保
> (ii)　外部会計監査人からCEO・CFO等の経営陣幹部へのアクセス（面談等）の確保
> (iii)　外部会計監査人と監査役（監査役会への出席を含む），内部監査部門や社外取締役との十分な連携の確保
> (iv)　外部会計監査人が不正を発見し適切な対応を求めた場合や，不備・問題点を指摘した場合の会社側の対応体制の確立

Q-61　外部会計監査人と監査役等の連携にあたり必要となる対応
補充原則3-2②

> 外部会計監査人と監査役，内部監査部門や社外取締役との十分な連携の確保にあたり，会議の開催記録や議事録の保管が求められるのでしょうか。また，連携の状況について開示が求められるのでしょうか。

A

　コーポレートガバナンス・コードにおいては開催記録の作成や議事録の保管が明示的に求められてはいませんが，監査役会と外部会計監査人の双方が，議事録や監査調書をそれぞれ作成保管することは当然に求められます。
　ガバナンスに関する情報開示の観点からも，監査役会と外部会計監査人の連携状況についての説明が望まれます。

解　説

　会議の開催記録や議事録保管の要否については，コーポレートガバナンス・コードに明文はありませんが，連携が強く求められる重要な事項，たとえば，

取締役の不正・違法行為などの不祥事の発生または兆候を知った有事の際には，任務懈怠責任を追及されないよう疎明するために，記録や議事録を残す必要があると考えられます。

外部会計監査人には，監査基準委員会報告書230「監査調書」により，広く文書化が要求されており，第9項では「監査人は，経営者，監査役若しくは監査役会又は監査委員会及びその他の者と重要な事項について協議した場合には，重要な事項の内容，協議を実施した日及び協議の相手方等について文書化しなければならない」とされています。

日本監査役協会が公表している実務上のベストプラクティスとしてのガイダンスである「監査役監査基準」においても，第53条（監査調書の作成）には「監査役は，監査調書を作成し保管しなければならない。当該監査調書には，監査役が実施した監査方法及び監査結果，並びにその監査意見の形成に至った過程及び理由等を記録する」とされています。

他方で，平時においても十分に連携してガバナンスが有効に機能して運営されていること，また，各自の責務に関する説明責任を果たすためには，通期に亘って受領した報告資料や意見交換の内容を記録に残すことが望まれますが，取締役会（会社法第369条第3項）や監査役会（第393条第2項）のように議事録の作成が法令により要求されているわけではありません。

なお，証券取引所の規程に基づき，既に開示されている「コーポレートガバナンスに関する報告書」において，監査役会または監査委員会，会計監査人，内部監査部門の連携状況の開示が要求されています。記載要領の例示として，会合を開催している場合は，その会合頻度及び内容（監査体制，監査計画，監査実施状況など）について，また，会計監査人の情報（会社法施行規則第126条参照）について補足説明することが挙げられています。

これに従い，現在開示されているコーポレート・ガバナンス報告書においては，定期的あるいは随時会合を持ち，それぞれの監査計画と結果について情報共有しながら監査を実施している旨などが開示されています。コーポレート・ガバナンス報告書では，連携に関する文書での説明は簡潔とし，末尾に模式図等の参考資料を付して，外部会計監査人と監査役会，内部監査人等との連携が「図式化」され矢印で結ぶことにより，システムとしての関係性が説明されて

いる開示例が多く見受けられます。

　これからの「対話」時代のガバナンスにおいては，図式化やシステム重視の説明よりも，具体的な双方向の連携内容，連携がどのように機能しているか，連携の結果として当期は何を実施してきたかなどを，より具体的に説明することが求められると考えられます。

Q-62 社外取締役と外部会計監査人によるコミュニケーションの必要性　補充原則3-2②

> 社外取締役と外部会計監査人とのコミュニケーションはなぜ必要なのでしょうか。

A

　社外取締役と外部会計監査人の双方にとって，それぞれの責任と目的に照らして，有用なコミュニケーションであると考えられます。

解説

　社外取締役は，モニタリングを有効に行うため，外部会計監査人等との双方向の連携が必要となります。社外取締役は，取締役会の構成員であり，一般株主を代弁して独立した客観的な立場から，内輪の論理に疑問を投げかけることができますが，そもそも非常勤で部下はおらず業務執行を行わないため，情報量に制約があります。

　この点は考慮されるものの，社外取締役の善管注意義務の程度，他の取締役に対する監視義務の水準は，一般の取締役と異なりません。

　平時において社外取締役は，取締役会等で会計監査人からの指摘事項の有無や内容を担当取締役から聞き，必要があれば当該担当取締役等を通じて追加の情報を求めることになります。

しかし，社外取締役が，不祥事の発生または兆候を知ったなど有事の際には，違法性を監査する役割の監査役（会）に報告し（会社法第357条），また，正確な情報を把握するため，内部監査部門，監査役（会），会計監査人と緊密なコミュニケーションを図り，連携した対応が必要となります[8]。

　外部会計監査人の立場からは，通常は，業務監査権限を有し，外部会計監査人の監査の方法と結果について相当性を判断する監査役（会）とのコミュニケーションを行いますが，たとえば，(1)経営者の関与が疑われる不正を発見した場合，または不正による重要な虚偽表示の疑義があると判断した場合，(2)経営者との連絡・調整や監査役会との連携に係る体制整備を図るため，互選により「筆頭独立社外取締役」が決定されている場合，(3)取締役会議長と経営者とを分離している場合など，必要に応じて社外取締役ともコミュニケーションを行うことが有用な場合があります[9]。

---

[8]　社外取締役ガイドライン（日本弁護士連合会　2015年3月19日改訂）。
[9]　監査基準委員会報告書260「監査役等とのコミュニケーション」（日本公認会計士協会）。

第6章

基本原則4
取締役会等の責務

　本章では，コーポレートガバナンス・コードの「第4章　取締役会等の責務」の基本原則・原則・補充原則の中から，主な項目について解説を行っています。

【基本原則4】
　上場会社の取締役会は，株主に対する受託者責任・説明責任を踏まえ，会社の持続的成長と中長期的な企業価値の向上を促し，収益力・資本効率等の改善を図るべく，
(1) 企業戦略等の大きな方向性を示すこと
(2) 経営陣幹部による適切なリスクテイクを支える環境整備を行うこと
(3) 独立した客観的な立場から，経営陣（執行役及びいわゆる執行役員を含む）・取締役に対する実効性の高い監督を行うこと
をはじめとする役割・責務を適切に果たすべきである。
　こうした役割・責務は，監査役会設置会社（その役割・責務の一部は監査役及び監査役会が担うこととなる），指名委員会等設置会社，監査等委員会設置会社など，いずれの機関設計を採用する場合にも，等しく適切に果たされるべきである。

Q-63　ROEが注目されている理由　基本原則4

会社の持続的成長と中長期的な企業価値の向上の指標として自己資本利益率（ROE）が注目されているのはなぜでしょうか。

A

一般に，ROEが投資家側が最も重視する指標であるからです。

解　説

　ROE（リターン・オン・エクイティ）は，会社が1年間の企業活動を通じて，株主の投資額に比してどれだけ効率的に利益を獲得したかを判断するのに用いられる収益性の指標で，当期純利益を前期及び当期の自己資本の平均値で除したものです。ROEは，株主が企業を評価するための最も重要な指標とされ，投資家の間では，企業は資本コストを意識して，最低限資本コストを超えるROEを目標にすべきという考え方は共通しているようです[1]。すなわち，企業が資本金・資本準備金及び内部留保を預託されている経営責任を果たしているのかを計る指標がROEであり，複数年度にわたり継続的に資本コストを下回る状況であれば，経営の経済的基礎を損なう危険性が高いと見なされることになります。

　1990年代以降，日本経済は低迷を続け，企業のROEも長期にわたり他国に比べて低水準が続いていました。

　近年，上場企業の効率経営への意識が高まりつつある中で，2014年度決算を発表した東証一部上場1,714社（金融などを除く）を集計した結果，ROEが10％を超える企業は32％（549社）にのぼりました[2]。

1　「持続的成長への競争力とインセンティブ～企業と投資家の望ましい関係構築～」プロジェクト（伊藤レポート）。
2　日本経済新聞2015年5月25日朝刊1面。

【各国主要指数採用銘柄の ROE の比較】

	2011年	2012年	2013年	2014年
日本（TOPIX 採用銘柄）	3.3%	5.7%	8.5%	8.3%
米国（S&P500指数採用銘柄）	15.0%	13.6%	15.3%	14.4%
英国（FTSE100指数採用銘柄）	16.0%	9.8%	12.8%	13.9%
中国（上海総合指数採用銘柄）	15.2%	13.6%	13.9%	13.1%
世界平均（MSCI ワールド指数）	11.7%	10.6%	12.0%	12.1%

出所：Bloomberg.

　日本再興戦略が意図するように、個々の企業が競争力と収益力を強化して持続的に成長し、企業価値を中長期に向上していくためには、コーポレートガバナンス・コードとスチュワードシップ・コードが車の両輪となり、企業と投資家の建設的な対話を通じて当該企業の中長期的な成長を促すことが期待されていることから、両者をつなぐ共通の言語として ROE に注目が集まっています。

Q-64 中長期的な企業価値とは　基本原則4

中長期的な企業価値とは具体的には何でしょうか。

A

　投資家の立場からは、資本コストを上回る利益に着目する傾向がありますが、株主のみならず、顧客、従業員、取引先や社会など、より広い範囲ステークホルダーにとっての企業価値を中長期的に増大させる視点も重要です。

解 説

　コーポレートガバナンス・コードの冒頭に、「本コードは、実質的なコーポレートガバナンスの実現に資する主要な原則を取りまとめたものであり、これ

らが適切に実践されることは，それぞれの会社において持続的な成長と中長期的な企業価値の向上のための自律的な対応が図られることを通じて，会社，投資家，ひいては経済全体の発展にも寄与することとなるものと考えられる」とあります。

企業価値については，大きく二つの考え方があり，投資家の立場からは，株式時価総額や企業が将来的に生み出すキャッシュフローの割引現在価値等の株主価値（株主にもたらされた付加価値）を企業価値とする考え方と，株主を含むより広範囲のステークホルダーの立場からは，企業価値をより広義にとらえ，株主価値，顧客価値，従業員価値，取引先価値，社会コミュニティ価値の総和が企業価値であるとする考え方があります[3]。

伊藤レポートでは，投資家側にとっては，中長期的な企業価値向上とは，中長期的に資本コストを上回るパフォーマンスをあげることで，時価総額を上げていくことであるが，企業側は，企業価値をより広義なものと考える傾向があり，両者の認識の違いが企業と投資家の意思疎通の障害になっていたのではないかと指摘しています。投資家，とりわけグローバル投資家が株主価値に着目している現実をふまえて，日本企業は株主価値の創出にもっと注力し，中長期的に資本コストを上回る利益を計上することが必要であり，投資家側はステークホルダー全体にとっての価値を高めることが株主価値の向上につながり，企業価値の長期的向上がなされることを意識すべきと提言しています[4]。

Q-65 収益力・資本効率等の改善を図っていることの説明方法
基本原則4

収益力・資本効率等の改善を図っていることをどのように伝えるべきでしょうか。

3，4 「持続的成長への競争力とインセンティブ～企業と投資家の望ましい関係構築～」プロジェクト（伊藤レポート）。

A

　ROEの要素分解による社内KPIの設定を行ったうえで，各KPIの向上に向けた取組みを説明することも有用です。

解 説

　収益力・資本効率を評価する指標として投資家が最重要視しているのがROEであり，投資家は，企業に対して資本コストを意識してROEの向上を目指す経営を望んでいます。資本コストは，株主が期待する投資リターンであり，価値創造の分岐点でもあるため，最低限資本コストを超えるROEを目標すべきとの考えは投資家の間での共通認識となっています。

　伊藤レポートにおいて，企業側では，ROEや資本コストについて，外部に説明するために共有はするが，社内では使用していないという声やCEOやCFO等経営トップは理解しても，事業部門長や従業員にとってROEは無縁のものであり，どのように現場に落とし込んでいけるのかという疑問もあがっていると指摘されています。

　取締役会が投資家等に対し，収益力・資本効率等の改善を図っていることを伝えるには，投資家が最重要視しているROEを要素分解して具体的に社内のKPIに関連付けていくことで，内部に対してもROEの向上という同じ目標を掲げて取り組み，その結果を投資家に伝えていくことが必要です[5]。

　ROEの分解事例は次頁のとおりです。

　5　「持続的成長への競争力とインセンティブ～企業と投資家の望ましい関係構築～」プロジェクト（伊藤レポート）。

【ROEの分解事例】

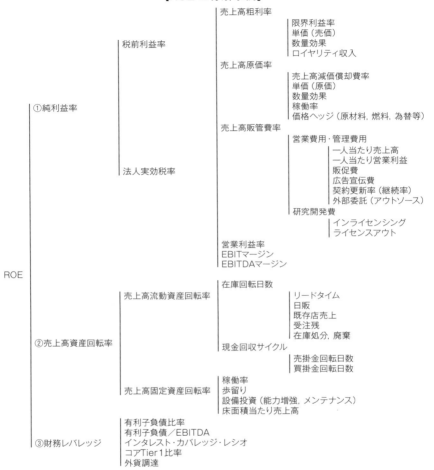

(注)
- ①〜③はデュポン分解として知られる3要素分解：(当期純利益/売上高)×(売上高/総資産)×(総資産/株主資本)。
- 多様な業種を想定した汎用的なものであり，全ての分解要素が一つの企業に当てはまるものではない。

出所：「持続的成長への競争力とインセンティブ〜企業と投資家の望ましい関係構築〜」プロジェクト（伊藤レポート）。

　東証の企業価値向上表彰では，ROEあるいはROIC（投下資本利益率）を売上高総利益率と資本回転率，レバレッジに分解し，自社に合わせた形（例え

ば製品リードタイムの短縮，在庫日数の短期化，歩留まりの改善など）で現場に取り入れ，全体の収益向上を目指している企業等が紹介されています。

Q-66 監査役会設置会社，指名委員会等設置会社，監査等委員会設置会社の概要　基本原則4

> 監査役会設置会社，指名委員会等設置会社，監査等委員会設置会社について教えてください。

A

平成26年改正会社法により監査等委員会設置会社が新設され，会社の機関設計に三つの選択肢が与えられました。

解 説

従来，監査役（会）設置会社と委員会設置会社の主に二つの機関設計がありましたが，平成26年改正会社法では，委員会設置会社が指名委員会等設置会社に名称変更され，新たに監査等委員会設置会社が新設されました。

監査役（会）設置会社は，取締役会と監査役・監査役会に統治機能を担わせるわが国独自の制度であり，監査役は取締役・経営陣等の職務執行の監査を行うこととされ，法律に基づく調査権限が付与されています。また，独立性と高度な情報収集能力の双方を確保すべく，株主総会で選任される監査役の半数以上は社外監査役とし，かつ常勤の監査役を置くこととされていますが，監査役に取締役会の議決権は付与されていません。

指名委員会等設置会社は，取締役会に指名委員会，報酬委員会，監査委員会を設置して一定の役割を担わせることにより監督機能の強化を目指すもので，諸外国にも類例が見られる制度です。

監査等委員会設置会社は，取締役会に監査等委員会が設置されている機関設

計です。

　指名委員会等設置会社及び監査等委員会設置会社ともに，各委員会は3名以上の取締役によって構成され，過半数は社外取締役としなければならないとされ，監査役や監査役会は設置されず，各取締役は取締役会での議決権を有しています。

　監査役（会）設置会社は，日本独自の制度であるため，外国人投資家等への説明が難しい場合があるかもしれませんが，構成員が非常勤の非業務執行取締役であることを前提とした他の二つの制度と比較すると，常勤監査役が義務付けられているため，監査における情報収集能力という点で優れている点があると考えられます。監査等委員会設置会社については，監査等委員である取締役に，取締役会における議決権を付与することで，監査・監督機能の強化につながることが考えられ，独立社外監査役を独立社外取締役として取締役会の構成員とすることで社外取締役比率を高め，透明性のより一層の向上や株主の視点を踏まえた議論の活発化が期待できる可能性もあります。したがって，三つの制度設計に優劣はなく，どのような制度設計を選択するかは，会社の実情を踏まえて各社で選択することになります。

　なお，監査等委員会設置会社が新設される前は，約98％の上場会社が監査役会設置会社を選択していましたが，平成26年改正会社法の施行に従い，監査等委員会設置会社への移行を発表する会社が増加しています。

Q-67　コーポレートガバナンス・コードが取締役会規程に与える影響　基本原則4

コーポレートガバナンス・コードは取締役会規程にどのような影響を及ぼすでしょうか。

A

会社の機関設計の見直しや，取締役会の権限と役割の見直しを行う場合には，対応する取締役会規程の記載を変更する必要が生じる可能性があります。

解説

取締役会は，法令及び定款の規定の他，定款の授権に基づき取締役会において定める取締役会規程により運営されます。取締役会規程は，各社によって記載内容も若干異なると思いますが，一般的には，取締役会の招集権者，招集手続，開催の頻度，決議の方法，決議事項・報告事項，決議・報告の省略，議事録の作成及び備置，事務局の役割などについて記載されます。

コーポレートガバナンス・コードの適用に際して，取締役会が実効性確保の観点から，取締役会の役割や責務について何らかの見直しが行われた場合には，取締役会規程の内容の修正もしくは追加が必要になる可能性があります。コーポレートガバナンス・コードの適用を契機に，会社の機関設計を監査役会設置会社から監査等委員会設置会社に変更した場合は，定款の変更とともに取締役会の運営に関する記載を変更する必要があります。機関設計を変更しない場合でも，たとえば，取締役会のモニタリング機能をより重視する方向に変更するために，重要な業務執行の決定の全部または一部を取締役に委任することにした場合には，取締役会の付議事項の縮減または付議基準の緩和を反映することが考えられます。またコーポレートガバナンス・コードの鍵となる社外取締役を十分機能させるために，独立社外取締役となる者の独立性判断基準や，独立社外者のみを構成員とする会合の開催要領や筆頭独立社外取締役を決定し，経営陣や監査役・監査役会と連携する際のルールを追記することや取締役・監査役のトレーニングの方針を新たに取締役会規程に盛り込むことも考えられます。

> **補充原則 4-1①**
> 取締役会は，取締役会自身として何を判断・決定し，何を経営陣に委ねるのかに関連して，経営陣に対する委任の範囲を明確に定め，その概要を開示すべきである。

Q-68 取締役会が経営陣に対する委任の範囲を定める際の留意点
補充原則 4-1①

取締役会が経営陣に対する委任の範囲を定める際の留意点を教えてください。

A

意思決定の迅速化と監督機能の強化という観点から，取締役会の業務執行権限の一部を経営会議などの執行部門に委譲する動きが支持されつつあります。

解 説

監査役会設置会社の場合の取締役会は監督機能と業務執行機能の両方を担うものとされますが，これまでの日本企業の取締役会は，業務執行に係る決議事項に多くの時間を使いすぎており，また開催頻度や構成員数も諸外国の Board に比較して多すぎる傾向にあるという論調が見られます。

本補充原則では，取締役会と経営陣（執行部門）との権限の範囲を適切かつ明確に定めることを求めています。意思決定の迅速化と監督機能の強化の観点から，取締役会では，監督機能や戦略決定などの重要な業務執行により注力すべきであるという考え方が窺えます。会社形態が指名委員会等設置会社や監査等委員会設置会社でなくとも，取締役会の機能をより監督機能に重点を置くと同時に，執行部門の役割と責任を明確にする形で権限移譲することが望ましいと考えられます。

業務執行に重心を置く取締役会は，業務執行者が監督者でもあるという利益相反を内在する仕組みである点で，国内外の投資家やステークホルダーからはベストプラクティスとして支持されていないと考えられますが，このような基準の背景を念頭に置きながら，自社における取締役会と業務を執行する経営陣の間の委任の範囲を再確認することが必要です。

【原則4-2　取締役会の役割・責務(2)】
　取締役会は，経営陣幹部による適切なリスクテイクを支える環境整備を行うことを主要な役割・責務の一つと捉え，経営陣からの健全な企業家精神に基づく提案を歓迎しつつ，説明責任の確保に向けて，そうした提案について独立した客観的な立場において多角的かつ十分な検討を行うとともに，承認した提案が実行される際には，経営陣幹部の迅速・果断な意思決定を支援すべきである。
　また，経営陣の報酬については，中長期的な会社の業績や潜在的リスクを反映させ，健全な企業家精神の発揮に資するようなインセンティブ付けを行うべきである。

Q-69 経営陣幹部による適切なリスクテイクを支える環境整備とは　原則4-2

経営陣幹部による適切なリスクテイクを支える環境整備とは，具体的には何でしょうか。

A
　業務執行を担当する経営陣幹部が健全な企業家精神を発揮できるような環境として，合理的な意思決定過程を整備することが求められています。

解説

ここでは、取締役会の役割について、「攻めのガバナンス」のための監督・助言機能を発揮しうる環境を整備するという観点で記載されています。補充原則4-3②では、「コンプライアンスや財務報告に係る内部統制や先を見越したリスク管理体制の整備は、適切なリスクテイクの裏付けとなり得るものであるが、取締役会は、これらの体制の適切な構築や、その運用が有効に行われているか否かの監督に重点を置くべきであり、個別の業務執行に係るコンプライアンスの審査に終始すべきではない。」とあります。

したがって、経営陣幹部による適切なリスクテイクを支える環境整備とは、意思決定過程の合理性を担保することに寄与する環境を整備すること、たとえば、取締役会から経営陣に対する委任の範囲を再確認することや、取締役の報酬の方針の見直しなどを通じて、取締役会における業務執行機能と監督機能をバランスよく配置し、業務執行を担当する経営陣幹部が健全な企業家精神を発揮できるような環境と考えられます。

補充原則4-2①

経営陣の報酬は、持続的な成長に向けた健全なインセンティブの一つとして機能するよう、中長期的な業績と連動する報酬の割合や、現金報酬と自社株報酬との割合を適切に設定すべきである。

Q-70 経営陣の報酬の決め方についての問題点　　補充原則4-2①

経営陣の報酬の決め方について、何が問題となるのでしょうか。

A

報酬金額算定の透明性を確保する観点もありますが、わが国では、むしろ経

営陣が中長期的な企業価値向上のために企業家精神を発揮する動機付けとなる様な報酬体系となっているかどうかについて投資家側の主な関心があると思われます。

解説

　日本企業の経営者のインセンティブ構造は，欧米企業等と比べて全般的に報酬水準が低く，また業績連動部分が少ない傾向があります。日本の上場企業の7～8割が業績連動報酬を導入していますが，報酬全体に占める業績連動報酬の割合は1～3割程度との報告があります[6]。

　このように，業績にかかわりなく固定的に報酬を受け取ることが，経営者が収益性や資本効率の向上のために変革を進めるよりも安定的な経営を優先させる原因になっている可能性があると考えられます。投資家側は，一般的に株主の利害との同期を図るため，業績連動部分の割合を大きくすることを評価する傾向が見られます。

　一方で，日本では従業員との連帯を重視し，低水準の報酬を受け入れる土壌があることや，使命感や責任感，社会的信頼度の向上等の非金銭的インセンティブが果たす役割の大きさが指摘されており，海外投資家の中でも日本企業が欧米型の業績連動報酬やストック・オプションをそのまま取り入れることについては賛否両論があります[7]。

　株主や資本市場の評価軸を意識した報酬の決め方が求められてきていることを踏まえた上で，経営者が会社の持続的な成長と中長期的な企業価値の向上のために経営手腕を発揮する動機となるように，業績連動報酬，株式報酬（長期インセンティブ），固定的な基本報酬等の自社にとっての最適な割合を検討することが必要です。

6，7　「持続的成長への競争力とインセンティブ～企業と投資家の望ましい関係構築～」プロジェクト（伊藤レポート）。

【日米欧 CEO 報酬比較（売上高1兆円以上の企業）】

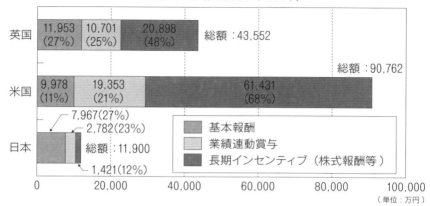

(注) 米国：Fortune500のうち売上高1兆円以上の企業180社の中央値　Data source：2012年委任状説明書

英国：FT UK500のうち売上高1兆円以上の企業43社（金融等を除く）の中央値　Data source：直近のアニュアルレポート

日本：総額は時価総額上位100社のうち売上等1兆円以上の企業77社の連結報酬等の中央値　内訳（割合）は連結報酬等開示企業（異常値を除く）45社の平均値を使用して算出　長期インセンティブには退職慰労金単年度を含む　Data source：有価証券報告書

※円換算レートは2012年平均 TTM（1ドル＝79.82円，1ポンド126.49円）

(出典)　タワーズワトソン。

出所：「持続的成長への競争力とインセンティブ～企業と投資家の望ましい関係構築～」プロジェクト（伊藤レポート）。

【原則4-3　取締役会の役割・責務(3)】

　取締役会は，独立した客観的な立場から，経営陣・取締役に対する実効性の高い監督を行うことを主要な役割・責務の一つと捉え，適切に会社の業績等の評価を行い，その評価を経営陣幹部の人事に適切に反映すべきである。

　また，取締役会は，適時かつ正確な情報開示が行われるよう監督を行うとともに，内部統制やリスク管理体制を適切に整備すべきである。

　更に，取締役会は，経営陣・支配株主等の関連当事者と会社との間に生じ得る利益相反を適切に管理すべきである。

Q-71 経営陣・取締役に対して実効性の高い監督を行っていることの説明方法　原則4-3

経営陣・取締役に対し、実効性の高い監督を行っていることは、具体的にはどのように説明できるでしょうか。

A

経営陣・取締役への監督は、指名や報酬決定に係る権限を通じて行われます。指名や報酬決定のプロセスに独立社外取締役が関与すること、また諮問委員会などの仕組みを導入することは、透明性が高く実効性の高い監督の実現に寄与すると考えられています。

解説

取締役会による経営陣・取締役に対する「監督」として重要なことは、会社の業績の評価と選任・解任権等の人事権の行使を適切に行うことと考えられます。また、実効性の高い監督を実施するためには、リスク管理体制や内部統制システムを適切に整備すること及び会社の業績等の適切な評価のために財務情報を含めた情報の信頼性を確保することは不可欠の前提となります。

取締役会が実効性の高い監督を行っていることを説明する際のポイントは、「独立した客観的な立場から」という点と、「公正かつ透明性の高い手続に従い」というところにあります。監査等委員会設置会社が新設されるまで、日本の約98％の会社が採用していた監査役会設置会社では、取締役会は業務執行（マネジメント）型と監督（モニタリング）型のハイブリッド型となっています。監督機能のうち、守りの機能（監査）は主に監査役及び監査役会が担当し、攻めの機能は取締役会で担当するという形になっていると考えられますが、業務執行に重心を置く取締役会は、業務執行者が監督者でもあるという利益相反を内在する仕組みになるので、業務の執行と一定の距離を置く取締役（非業務執行取締役）や独立社外取締役や独立社外監査役の役割が重要になります。公

正性と透明性が求められる役員の指名機能や報酬の決定などの検討に当たっては、補充原則4-4⑩で例示されている、任意の諮問委員会を設置することなどにより独立社外取締役の適切な関与・助言を得ること等を勘案して、監督の機能を果たす機関設計の考え方を整理し、指名・報酬の方針とともに説明することが必要です。

> **補充原則4-4①**
>
> 　監査役会は、会社法により、その半数以上を社外監査役とすること及び常勤の監査役を置くことの双方が求められていることを踏まえ、その役割・責務を十分に果たすとの観点から、前者に由来する強固な独立性と、後者が保有する高度な情報収集力とを有機的に組み合わせて実効性を高めるべきである。また、監査役または監査役会は、社外取締役が、その独立性に影響を受けることなく情報収集力の強化を図ることができるよう、社外取締役との連携を確保すべきである。

Q-72　監査役・監査役会が社外取締役と連携することが必要な理由　補充原則4-4①

> 監査役または監査役会が社外取締役と連携することが必要なのはなぜでしょうか。

A

　常勤監査役は社内の様々な事情に通じていることが多く、社外取締役と情報共有し、課題認識を共通化したうえで、経営に対するモニタリングの観点で連携することが有用と考えられます。

解 説

　この原則は，社外取締役に由来する強固な独立性と常勤監査役が保有する高度な情報収集力とを有機的に組み合わせることで監査役会の実効性を高めることを求めています。

　常勤監査役は一般に，情報収集のためのルートや時間を豊富に確保できる立場にあり，会社の内部事情や事業の内容に精通していると考えられます。社外取締役は会社組織からは一歩引いた客観的な立場から外部の知見を提供する点で取締役会等への貢献が期待されますが，非業務執行役員という立場から経営判断に必要な社内外の情報を十分得るという点にチャレンジがあるかもしれません。このような両者の立場と特徴に鑑みて，監査役または監査役会と社外取締役が連携し，社外取締役が必要な情報を共有することで，両者の機能と役割を相互に高めることが期待されているものと考えられます。なお，情報の入手と支援体制の構築の際には，監査役または監査役会のみならず，内部監査部門や外部会計監査人との十分な連携についても留意する必要があります。

【原則4-7　独立社外取締役の役割・責務】
　上場会社は，独立社外取締役には，特に以下の役割・責務を果たすことが期待されることに留意しつつ，その有効な活用を図るべきである。
(ⅰ) 経営の方針や経営改善について，自らの知見に基づき，会社の持続的な成長を促し中長期的な企業価値の向上を図る，との観点からの助言を行うこと
(ⅱ) 経営陣幹部の選解任その他の取締役会の重要な意思決定を通じ，経営の監督を行うこと
(ⅲ) 会社と経営陣・支配株主等との間の利益相反を監督すること
(ⅳ) 経営陣・支配株主から独立した立場で，少数株主をはじめとするステークホルダーの意見を取締役会に適切に反映させること

Q-73 独立社外取締役に期待される役割　原則4-7

独立社外取締役に期待される役割とは何でしょうか。

A

大きくは、助言・監督の機能と言われています。

解説

独立社外取締役に期待される役割は、大きく分けると、①産業の枠を超えて経営者の戦略に適切な助言を行い、企業固有の知見を超えた事業戦略面で貢献する役割と、②業務執行を担当する経営陣から一定の距離を置きつつ経営を監督すること及びステークホルダーの意見を反映する役割、の二つが求められています[8]。①の役割については、社内では得られない経験、たとえば自らの企業経営を通じて得た見識等に基づいて助言することが期待されていますので、ビジネスに携わっていた経営者や金融機関関係者、弁護士・会計士など企業経営に関する専門知識を持つ人材から会社にとって良きアドバイザーとなり得る人材を選定することが有効です。②の役割については、業務執行を担当する取締役から独立した立場から、経営陣が社内の論理や利益相反取引で企業価値を毀損したり、少数株主等を含む株主の利益が無視されることのないよう経営を監視したりしていくことが期待されています。しがらみのない立場で取締役会において忌憚なく発言できるバランス感覚とコミュニケーション能力を有した人材を選定することが望まれます。

8　「持続的成長への競争力とインセンティブ～企業と投資家の望ましい関係構築～」プロジェクト（伊藤レポート）。

Q-74 独立社外取締役が独立していることが重要な理由
原則4-7

独立社外取締役は独立していることがなぜ重要なのでしょうか。

A

独立社外取締役は，利益相反のおそれなく実効性のある助言・監督を行うことが期待されています。また，株主等のステークホルダーの意見を代弁する役割から，精神的な独立性に加えて外観的な独立性も重要と考えられます。

解説

独立社外取締役に期待される役割のうち，原則4-7の(ii)経営陣幹部の選解任その他の取締役会の重要な意思決定を通じ，経営の監督を行うこと，(iii)会社と経営陣・支配株主等との間の利益相反を監督すること，(iv)経営陣・支配株主から独立した立場で，少数株主をはじめとするステークホルダーの意見を取締役会に適切に反映させること，を実効的に果たすためには，業務執行を担当する社内の取締役から一定の距離を置き，かつ一般株主と利益相反の生じるおそれのない独立性を確保していることが重要になります。

> **【原則4-8　独立社外取締役の有効な活用】**
>   独立社外取締役は会社の持続的な成長と中長期的な企業価値の向上に寄与するように役割・責務を果たすべきであり，上場会社はそのような資質を十分に備えた独立社外取締役を少なくとも2名以上選任すべきである。
>   また，業種・規模・事業特性・機関設計・会社をとりまく環境等を総合的に勘案して，自主的な判断により，少なくとも3分の1以上の独立社外取締役を選任することが必要と考える上場会社は，上記にかかわらず，そのための取組み方針を開示すべきである。

Q-75　独立社外取締役の数を2名以上とする意図　原則4-8

独立社外取締役の数を2名以上とする意図は何でしょうか。

A

諸外国では独立取締役を構成員の半分以上とすることを求めている国もあります。日本のコーポレートガバナンス・コードでは独立社外取締役の機能に実効性を持たせる観点から，少なくとも複数とされています。

解説

独立社外取締役に期待される役割・責務は大変重要であり，非常勤の独立社外取締役が1名で実施するには，あまりに負担が大きいと言わざるを得ません。独立社外取締役が会社の持続的な成長と中長期的な企業価値の向上に寄与するために，その存在を活かすような対応をとれるか否かが成功の重要な鍵となると考えられます。コーポレートガバナンス・コードでは，独立社外取締役を複数設置すればその存在を十分活かす可能性が大きく高まるという観点から「少なくとも2名以上」との記載を行っています。原則4-8により，さらに多くの独立社外取締役が選任されることが期待されています。

> **補充原則4-8①**
> 独立社外取締役は，取締役会における議論に積極的に貢献するとの観点から，例えば，独立社外者のみを構成員とする会合を定期的に開催するなど，独立した客観的な立場に基づく情報交換・認識共有を図るべきである。

Q-76 独立社外者のみを構成員とする会合の定期的な開催が必要な理由　補充原則4-8①

独立社外者のみを構成員とする会合の定期的な開催はなぜ必要なのでしょうか。

A

独立社外者の視点から忌憚のない意見を交換するとともに，情報交換・認識共有を図りつつ，実効性のある独立社外者の役割と責務を果たすべく，独立社外者間の連携を図ることが期待されています。なお，社外者以外の参加が妨げられるものではありません。

解説

この原則は，独立社外者による情報交換・認識共有のための自由闊達な議論の場を確保するという観点から「独立社外者のみを構成員とする会合」を例示として挙げているものです。独立社外者のみを構成員とする会合であっても，必要に応じて独立社外者の自主的な判断により，社内者に会合への参加や説明を求めること等が妨げられるものではなく，むしろ必要に応じてそのような方法によって情報収集に努めることは，原則の趣旨に適うものと考えられます[9]。また，当該会合には，独立社外取締役に加えて，独立社外監査役も加えることも考えられ，各社にとってより実効性の高い仕組みを構築することが必要です。

9　第9回有識者会議資料3　パブリック・コメント（和文）回答9

> 【原則4-9　独立社外取締役の独立性判断基準及び資質】
> 　取締役会は，金融商品取引所が定める独立性基準を踏まえ，独立社外取締役となる者の独立性をその実質面において担保することに主眼を置いた独立性判断基準を策定・開示すべきである。また，取締役会は，取締役会における率直・活発で建設的な検討への貢献が期待できる人物を独立社外取締役の候補者として選定するよう努めるべきである。

Q-77　平成26年改正会社法の社外性要件と東京証券取引所の上場規則の独立性判断基準の違い　原則4-9

平成26年改正会社法の社外性要件と東京証券取引所の上場規則の独立性判断基準の違いを教えてください。

A
　会社法における社外性要件を満たした上で，東証独立性判断基準等に照らした独立性を保持している人物が独立社外取締役となり得ます。

解説
　東京証券取引所の上場規則の独立性判断基準は，平成26年改正会社法の社外性要件にはない，主要な取引先の業務執行者や役員報酬以外に多額の報酬を得ているコンサルタント，会計専門家または法律専門家を含むため，東京証券取引所の上場規則の独立性判断基準の方が平成26年改正会社法の社外性要件より厳しい基準であると言えます。

平成26年改正会社法の取締役の社外性要件（改正法2条15号イ～ハ）：

- 会社又は子会社の業務執行取締役，執行役，支配人その他の使用人かつ過去10年にわたり上記であったもの
- 親会社の取締役，使用人等
- 兄弟会社の業務執行取締役，執行役，支配人その他の使用人
- 会社の取締役，重要な使用人等の近親者（配偶者または2親等以内の親族）

東京証券取引所の上場管理等に関するガイドラインⅢ5．(3)の，独立していないとみなされる例：

1．親会社，兄弟会社の業務執行者
2．主要な取引先の業務執行者
3．役員報酬以外に多額の報酬を得ているコンサルタント，会計専門家または法律専門家
4．上記1～3に最近まで該当していた者
5．上記1～4に該当する者や当該会社又はその子会社の業務執行者等の近親者

なお，会社の株主構成において，機関投資家の持分割合が多い場合には，議決権行使助言会社であるISS（Institutional Shareholder Service Inc.）の日本向け議決権行使助言基準に定める，独立していないとみなされるケースの例示なども参考に，自社の基準を策定することも考えられます。

- 勤務経験：当該会社，大株主，メインバンク，主要な借入先，主幹事証券，主要な取引先，監査法人
- 取引関係（現在，過去）：重要なコンサルティング，顧問契約
- 親戚が会社に勤務

> 補充原則 4-10①
>
> 　上場会社が監査役会設置会社または監査等委員会設置会社であって，独立社外取締役が取締役会の過半数に達していない場合には，経営陣幹部・取締役の指名・報酬などに係る取締役会の機能の独立性・客観性と説明責任を強化するため，例えば，取締役会の下に独立社外取締役を主要な構成員とする任意の諮問委員会を設置することなどにより，指名・報酬などの特に重要な事項に関する検討に当たり独立社外取締役の適切な関与・助言を得るべきである。

Q-78 統治機能の更なる充実を図るために活用すべき任意の仕組みとは　補充原則 4-10①

> 統治機能の更なる充実を図るために活用すべき任意の仕組みはどのようなものが考えられるでしょうか。

A

　監督機能の透明性と客観性を確保する観点から，まず「指名」と「報酬」に関する任意の諮問委員会を設置することが考えられますが，その他にも「リスク」・「戦略」・「開示」など，会社の実情に応じて任意の諮問委員会の設置を検討することが望まれます。

解　説

　取締役会に期待される説明責任の確保や，実効性の高い監督という役割・責務に関して，特に客観性と透明性が求められる監査・指名・報酬に係る機能を果たすためには，独立した役員の役割が重要であると考えられています。諸外国では，このような機能に関しては，独立した客観的な立場からの監督を求めるために委員会を設置して，構成員の半数を独立非業務執行取締役とするコー

ドを設けています。

　日本の監査役会設置会社や監査等委員会設置会社においても，指名・報酬機能の独立性，客観性を強化する手法として，任意の諮問委員会を活用することが推奨されます。また，諸外国では，制度で要求されている監査，報酬，指名以外の機能に関しても，たとえばリスク委員会や開示委員会，戦略委員会など取締役会に任意で各種の諮問委員会を設置している事例がありますので，わが国においても会社の実情に応じた多様な対応を行うことが考えられます。

補充原則 4-11①
　取締役会は，取締役会の全体としての知識・経験・能力のバランス，多様性及び規模に関する考え方を定め，取締役の選任に関する方針・手続と併せて開示すべきである。

Q-79 取締役の選任に関する方針・手続の開示方法と程度
補充原則 4-11①

取締役の選任に関する方針・手続について，どこまでどのように開示すべきでしょうか。

A
海外の開示例を参考にしつつ，実情に合わせて開示を検討しましょう。

解説
　本補充原則では，取締役会の構成員に求められる知識・経験・能力，そのバランス及び多様性ならびに適正な規模（取締役数）に関する会社の考え方をあらかじめ定めた上で，これを株主等のステークホルダーに向けて開示すること

を求めています。さらに，そこで示された取締役会の構成に向けて，どのような取締役の選任方針とプロセスを会社が採用しているかについてもあわせて開示することが求められています。

　開示の程度及び内容は，情報利用者にとって有用な開示となるように各社で工夫することが肝要ですが，各会社の目指すところ（経営理念等）に従って，会社が採用している方針・手続について説明することになります。開示の方法については，同様のコーポレートガバナンス・コードを長年運用している英国等の上場会社の開示例等を参照することも有用な方法の一つです。たとえば，ICSA（Institute of Chartered Secretaries and Administrators）により2014年のガバナンスに関する開示優秀企業の表彰を受けた英国企業，マークス・アンド・スペンサー社では，2014年アニュアルレポート上にて2ページにわたって，取締役の指名方針と手続について，指名委員会の構成メンバーと年間の活動状況，及び新任・退任取締役各人の説明も含めて詳しく記載しています[10]。英国の機関設計では，取締役の選任に関する方針・手続は独立非業務執行取締役が過半数を占める指名委員会が担当するため，わが国における改正会社法の「指名委員会等設置会社」でない場合は，直接該当しませんが，ベストプラクティスの一つとして，どこまで開示する必要性があるのか，自社で検討する際に参考になると考えられます。

補充原則4-11②

　社外取締役・社外監査役をはじめ，取締役・監査役は，その役割・責務を適切に果たすために必要となる時間・労力を取締役・監査役の業務に振り向けるべきである。こうした観点から，例えば，取締役・監査役が他の上場会社の役員を兼任する場合には，その数は合理的な範囲にとどめるべきであり，上場会社は，その兼任状況を毎年開示すべきである。

10　Annual report and financial statements 2014（Marks and Spencer Group plc）P.50, 51 "Nomination Committee".

Q-80 取締役・監査役が他の上場会社の役員を兼任する場合の合理的な範囲　補充原則4-11②

取締役・監査役が他の上場会社の役員を兼任する数はどの程度が合理的な範囲とされるでしょうか。

A

十分な関与時間を確保する趣旨ですので，一概には言えませんが，諸外国の事例も考慮してみましょう。

解説

コーポレートガバナンス・コードの基本原則4　取締役会等の責務にもあるように，取締役や監査役は，株主に対する重要な役割を担っており，その責務を果たす義務があります。社外取締役や社外監査役の場合，他の上場会社の役員を兼任する場合が想定されますが，あまりにも多くの会社を担当すると，1社当たりの監査・監督時間が限られてしまい，十分な監査・監督が行われないことが懸念されます。したがって，兼任する会社数は合理的な範囲にとどめ，その兼任状況を毎年開示することが求められています。

合理的な範囲とは具体的に何社を指すのかは，取締役や監査役の判断に委ねられますが，兼任状況は開示が求められる事項でもあるため，複数社兼任する場合は，株主から厳しい目で見られていることを意識しておくことが必要と考えられます。

なお，英国のコーポレートガバナンス・コードでは，業務執行取締役がFTSE100の2社以上の非業務執行取締役か，取締役会議長を引き受けることについて，取締役会は同意すべきでないとされています[11]。また，フランスのコーポレートガバナンス・コード（Apef-Medefコード）では，業務執行取締

11　英国・コーポレートガバナンス・コード（仮訳）（2014年9月改訂）B.3.3.

役はグループ外の他の上場会社（外国会社含む）の取締役職を二つ以上就くべきでないとされ，非業務執行取締役はグループ外の他の上場会社（外国会社含む）の取締役職を四つを超えて兼務すべきでないとされています[12]。

> **補充原則 4-11③**
>
> 取締役会は，毎年，各取締役の自己評価なども参考にしつつ，取締役会全体の実効性について分析・評価を行い，その結果の概要を開示すべきである。

Q-81　取締役会の評価への対応方法　補充原則 4-11③

取締役会の評価への対応方法を教えてください。また，第三者による評価は実施すべきなのでしょうか。

A

欧州の事例が参考になります。第三者評価は必ずしも求められていませんが，将来的には第三者評価を採用する企業が増加する可能性があることも考慮しましょう。

解説

取締役会の評価は，取締役会の実効性を高めるための手段として主要国のコーポレートガバナンス・コードで共通して示されており，海外の上場企業においてはすでに一般的な慣行となっています。評価方法には自己評価と外部評価があり，自己評価では，取締役会議長や SID（Senior Independent Director）

12　上場会社コーポレートガバナンス・コード（仮訳）（2013年6月改訂）19.

が中心となって評価を実施します。自己評価は比較的容易に実施できることから、各国ではまず自己評価が実施され、続いて外部評価を行う企業が増えていくという経緯を辿っています。

　取締役会の評価は、定性的な分析を主とする評価であり、企業間で比較しランキングを付けることはなく、評価の結果を公表するのは、会社自身となります。評価の具体的な内容は、この分野で長い実績のある英国において FRC（英国財務報告評議会）のガイダンスが有用であると考えられます。FRC は、英国のコーポレートガバナンス・コード及びスチュワードシップ・コードを策定し監督する機関ですが、2011年に取締役会の実効性に関する詳細なガイダンスを公表しています。いくつかの項目を列挙すると、(1)取締役会の構成（スキル、経験、知識、多様性の状況）、(2)後継者とその育成に関する計画、取締役会におけるメンバー相互の関係性、(3)個々の提案に関する議論の質と意思決定プロセス、(4)取締役会に提示される書類とプレゼンテーションの質、(5)対外的なコミュニケーションなどが記載されています。

　英国のコーポレートガバナンス・コードでは、FTSE350における取締役会の評価は、年次評価に加えて、少なくとも3年毎に外部評価を実施することとされ、外部評価者と会社との関係の開示も求められています[13]。フランスのコーポレートガバナンス・コード（Apef-Medef コード）では、取締役会の評価は、1年に一度は運営方法を自己評価し、少なくとも3年に一度は正式な外部評価を行うこととされています[14]。

　日本の企業にとって、自社の取締役会の実効性の評価は馴染みがないですが、海外においてはすでに多くの経験やノウハウが蓄積されているため、これらの知見を活用することにより、日本企業においても効果的な取締役会評価が可能になると思われます。日本のコーポレートガバナンス・コードでは外部評価について特段記載がありませんが、まずは自己評価を実施し、外部評価の必要性を検討することが望まれます。

13　英国・コーポレートガバナンス・コード（仮訳）(2014年9月改訂) B. 6. 2.
14　上場会社コーポレートガバナンス・コード（仮訳）(2013年6月改訂) 10. 3.

Q-82 取締役会の評価の実務的な担当者　補充原則4-11③

取締役会の評価は取締役会が行うことになっていますが、実務的には誰が行うべきなのでしょうか。

A

自社の実情に応じて検討するべきですが、第三者にファシリテーションを依頼することも一案です。

解説

取締役会の評価は、取締役会の実効性を高めるための手段として実施しますが、自己評価は、取締役会議長が中心となって実施されることになると考えられます。欧州では、CEOと分離された取締役会議長や筆頭社外取締役によって実施されるケースが多いようです。ただし、日本の場合は、CEOが取締役会議長を兼ねることが多く、本来の趣旨からすると、経営の責任と評価の責任を同一人物が担うのは難しいと考えられます。筆頭社外取締役が取締役会の評価を実施することも考えられますが、日本企業での社外取締役の本格的な活用はこれからになるため、実務的には、総務部や秘書部のような取締役会の運営を担当する部署と取締役会議長もしくはCEOが取締役会の現状と課題について話し合い、評価の目標や手法やプロセスについて決定し、評価項目を含め計画を策定することが考えられます。また、評価項目に関して、質問票や担当部署の部長や筆頭社外取締役と取締役各人との一対一のインタビュー等を通して、その結果についての議論と改善策の提示、結果の開示までの全体のプロセスを推進することが考えられます。

評価の目的や項目の検討、評価プロセス・計画の立案または評価（インタビューなど）の一部の実施を、外部のコンサルティング会社に委託するなど、第三者を利用することも考えられます。

Q-83 取締役会の評価のプロセスの開示の程度　補充原則4-11③

取締役会の評価のプロセスは，どの程度開示すればよいのでしょうか。

A

諸外国の開示例を見ても各社の開示レベルはまちまちであるのが実情です。株主との対話促進の観点から，より積極的で具体的な開示が期待されます。

解　説

英国のコーポレートガバナンス・コード（2014年9月）においては，どのように取締役会の評価が行われたかについて開示が求められていますが，評価の結果の開示については，具体的な要求事項はありません。日本のコーポレートガバナンス・コードでは，取締役会の評価のプロセスの開示については特に記載がなく，結果の概要を開示すべきとされていますので，評価のプロセスの開示は任意と考えられます。英国の開示状況は，評価の結果や評価により指摘された課題，それに対する対応方法や翌年度の状況を時系列で記載している企業から，ほとんど開示していない企業もあり，企業間の開示の程度の差がかなり見受けられます。

取締役会の評価は，取締役会の実効性あるパフォーマンスの確保という観点から，その内部活用が本質的に重要ですが，企業価値を向上させるための手段として，取締役会の実効性はどの機関投資家も重要と考えているため，取締役会の評価のプロセスについて充実した開示を行うことが，マーケットや投資家に日本企業が正しく評価されることに寄与することになると考えられます。

ICSA（Institute of Chartered Secretaries and Administrators）により2014年のガバナンスに関する開示優秀企業の表彰を受けたマークス・アンド・スペンサー社では，そのアニュアルレポート上で，取締役会の有効性評価のプロセスについて説明していますので参考になるかもしれません。同社の評価プロセスは，コーポレートガバナンス部長兼総務部長（Group Secretary and Head of

Corporate Governance）により実施されており，詳細でかつ焦点を絞ったトピックについて，各取締役と個別にディスカッションを実施し，その結果を取りまとめて分析しています。ディスカッション項目についても，取締役会の構成，企業文化や社会貢献，戦略やリスクについての議論，後継者計画，意思決定プロセスの効率性など10項目が開示されています。さらに筆頭独立取締役が，全ての取締役と年に1回，取締役会議長のパフォーマンスについて質問し，その結果を議長と共有しています。これらの評価結果は取締役会で議論され，翌年以降の改善計画に反映されていることが記載されています[15]。

Q-84　取締役会の評価の結果の開示の程度　補充原則4-11③

取締役会の評価の結果は，どの程度開示すればよいのでしょうか。

A

単に「取締役会には実効性がある」という結論だけでなく，今後に向けた課題とその対応などについて，深度のある開示が期待されています。

解説

英国のコーポレートガバナンス・コード（2014年9月）においても，評価の結果の開示については具体的な要求事項はありません。これは，取締役会の実効性に関する情報はデリケートな内容であるため，開示が躊躇されるという現状を踏まえて，同コードでは評価の結果の開示を要求していないと考えられます。英国の場合，取締役会評価がコードで要請されるようになった当初は評価の結果を開示する企業は少なかったようですが，現在は，評価の結果について

15　Annual report and financial statements 2014（Marks and Spencer Group plc）P.43 "Board Effectiveness Review".

も程度の差はあれ開示する企業が増えてきています。

　2014年のガバナンスに関する開示優秀企業の表彰を受けた英国企業，マークス・アンド・スペンサー社では，そのアニュアルレポート上で，取締役会評価のプロセスから結果までを次年度以降の改善計画と合わせて開示しています。その内容は，各取締役と実施されたディスカッション項目から主要な事項を選択し，過去からの改善状況も含めて記載しています。たとえば，取締役会メンバーの構成については，全般的に高品質，経験豊富で，様々な視点を持つ多様なメンバーから構成されていると記載されています。また，取締役会は会社に深く関与しており，新しく選任された取締役も高く評価されています。さらに，取締役会では概ねオープンに議論され難い局面でもお互いを尊重しながら議論を重ねていると評価されています。次年度以降の改善プランとしては，取締役会がフォーカスする鍵となる領域として，リスクと情報管理等についての改善計画が記載されています[16]。

　企業価値を向上させるための手段として取締役会の実効性はどの機関投資家も重要と考えているため，取締役会評価を実施した結果，認識された課題や将来に向けての対応方法について充実した開示を行うことが，マーケットや投資家に日本企業が正しく評価されることに寄与することになると考えられます。

補充原則4-14①

　社外取締役・社外監査役を含む取締役・監査役は，就任の際には，会社の事業・財務・組織等に関する必要な知識を取得し，取締役・監査役に求められる役割と責務（法的責任を含む）を十分に理解する機会を得るべきであり，就任後においても，必要に応じ，これらを継続的に更新する機会を得るべきである。

---

[16] Annual report and financial statements 2014（Marks and Spencer Group plc）P.43 "Board Effectiveness Review".

Q-85 取締役・監査役のトレーニングの内容・頻度の考え方
補充原則4-14①

取締役・監査役のトレーニングの内容や頻度はどのように考えればよいのでしょうか。

A

それぞれの取締役等が既に保持している知識や経験を勘案した上で，自社の実情に応じたトレーニングプログラムを検討しましょう。

解説

新任取締役のトレーニングに加えて，就任後の取締役に対する定期的なトレーニングを制度化している会社は少ないかもしれませんが，たとえば，米国のニューヨーク証券取引所（NYSE）の上場規則では，取締役研修に関する開示が求められており，参考になる事例となるかもしれません。米国では，大学等による取締役研修プログラムも多数提供されているようです。日本でも東京証券取引所が，独立役員向けハンドブックの発行やセミナーを開催しており，様々な機関が取締役に対する研修プログラムを提供しています[17]。取締役・監査役のトレーニングは，各社の状況に応じた内容と頻度で実施することになると考えられます。

取締役として望ましい属性について，PwC米国が2014年に調査した結果によると，取締役の視点でも投資家の視点でも，財務，リスク管理，業務，業界に関する専門性が重視されています。取締役に求められる役割と責務を十分理解するためには，これらの専門性を意識した内容のトレーニングを準備することが考えられます[18]。

---

17 「持続的成長への競争力とインセンティブ～企業と投資家の望ましい関係構築～」プロジェクト（伊藤レポート）。

【取締役として望ましい属性】

取締役の視点	優先順位	投資家の視点
財務に関する専門性	1	財務に関する専門性
業界に関する専門性	2	リスク管理に関する専門性
業務に関する専門性	3	業務に関する専門性
リスク管理に関する専門性	4	業界に関する専門性
国際的専門性	5	性別の多様性
テクノロジー・デジタル・メディアに関する専門性	6	国際的専門性
性別の多様性	7	テクノロジー・デジタル・メディアに関する専門性
マーケティングに関する専門性	8	法務に関する専門性
人事に関する専門性	9	マーケティングに関する専門性
法務に関する専門性	10	人事に関する専門性

出所：取締役会では何が問題にされているのか〜将来のガバナンスと取締役会のあり方に関する取締役と投資家の見解（2014年　PwC 米国）。

　なお，原則 4-11では，監査役には取締役の業務執行の監査，外部会計監査人の選解任や監査報酬に係る権限の行使などの役割・責務を果たすために，財務・会計に関する適切な知見を有している者が 1 名以上選任されるべきであるとされているため，同知識を継続的に更新する機会が必要と考えられます。

---

[18] 取締役会では何が問題にされているのか〜将来のガバナンスと取締役会のあり方に関する取締役と投資家の見解（2014年　PwC 米国）。

> **補充原則4-14②**
> 　上場会社は，取締役・監査役に対するトレーニングの方針について開示を行うべきである。

Q-86　取締役・監査役に対するトレーニング方針の開示の程度
補充原則4-14②

取締役・監査役に対するトレーニングの方針はどの程度開示すればよいのでしょうか。

A
　一概には決まりがありませんので，会社ごとに検討することになりますが，ガバナンスに対する姿勢が間接的に表れる項目でもあります。

解説
　取締役・監査役に対するトレーニングは，取締役会の構成員として期待される役割を果たすための知識や能力の維持・向上を会社としてどのようにサポートしているかについて，投資家を含めたステークホルダーに開示することで，会社のコーポレートガバナンスの充実度を示す機会となります。したがって，そのような効果も勘案して，開示の程度は各社の状況に応じて判断することになります。同様のコーポレートガバナンス・コードがある英国の企業の開示例などが参考になると考えられます。たとえば，ICSA（Institute of Chartered Secretaries and Administrators）により2014年のガバナンスに関する開示優秀企業の表彰を受けたマークス・アンド・スペンサー社では，取締役に対するトレーニングについて，以下のような記載があります[19]ので，ベストプラクティスの一つとして参考になるかもしれません。

- 取締役会議長は，全ての取締役に対して，新任研修，取締役会や委員会への出席，店舗等での従業員との会話を通して，またガバナンスや法的事項，顧客や株主の意見について最新の情報を保持することを通して，その能力，知見及びグループについての知識を継続的に更新すること奨励している。
- 取締役会議長は，グループの新任取締役が各人用に特別に準備された正式な新任研修を受けることを保証している。この研修は，会社の構造と戦略，産業と競争環境，意見や評判を含む鍵となる重要な領域をカバーしている。
- 全ての取締役は，主要な株主と対話する機会を与えられている。
- 今年の新任の非常勤取締役であるA氏は，総務部長，業務執行取締役，経営会議メンバーその他，広い範囲にわたる主要な経営陣との1対1の対話で構成されるA氏のために特別に準備された包括的な入門研修を受講した。
- 取締役会議長は，取締役会の評価の一環として，各取締役とトレーニングや研修の要望について確認し，同意している。

---

19 CORPORATE GOVERNANCE STATEMENT-2014（Marks and Spencer Group plc）B4, B4.1, B4.2.

第7章

基本原則5
株主との対話

本章では、コーポレートガバナンス・コードの「第5章　株主との対話」の基本原則・原則・補充原則の中から、主な項目について解説を行っています。

補充原則5-1①

　株主との実際の対話（面談）の対応者については、株主の希望と面談の主な関心事項も踏まえた上で、合理的な範囲で、経営陣幹部または取締役（社外取締役を含む）が面談に臨むことを基本とすべきである。

Q-87　株主との対話の確保についての考え方　　補充原則5-1①

株主との対話は面談の形式で行うことを前提としていますが、時間的にも物理的にも面談を重ねていくことは現実的ではないのではないでしょうか。

A
　もちろん面談がすべてではありません。その他の対話の手段と組み合わせて、現実的な対応を検討しましょう。

解 説

上場会社には,株主が10万人を超えるところもあり,このような数の株主を抱える会社において,個別に「面談」を進めることは実務的に困難であることが想定されます。

【時価総額の上位上場会社における株主数】

会 社 名	株主数(人)
トヨタ自動車株式会社	469,914
株式会社三菱UFGフィナンシャル・グループ	638,859
株式会社NTTドコモ	281,895

出所:2015年3月期有価証券報告書。

2015年3月5日に金融庁が公表した「コーポレートガバナンス・コード(原案)主なパブリックコメント(和文)の概要及びそれに対する回答」のNo.12において,「原則5-1及び補充原則5-1①は,『面談』に絞って一定のベストプラクティスを示しているものです。そのうえで,これらの原則及び補充原則では,『合理的な範囲で』と記載しており,もとより現実的でない対応を求める趣旨ではありません。」と回答しています。

すなわち,『面談』以外の対話の手段は排除されていないといえます。したがって,上場会社が対話について検討する場合には,経営陣幹部または取締役(社外取締役を含む)の面談をベストプラクティスとしつつも,合理的な範囲で現実的な対応を行い,その結果,採用された対話の手段については開示することとされています。

なお,経営陣幹部や取締役は業務執行による時間的制約により,株主との対話に十分な時間を費やすことが難しい可能性がありますが,社外取締役を株主との対話の窓口とした場合,有効に機能している事例もあるため,株主との対話の対応者を誰にするかは,対象に社外取締役も含めて検討する必要があると考えられます。

> **補充原則5-1②**
> 株主との建設的な対話を促進するための方針には，少なくとも以下の点を記載すべきである。
> (i) 株主との対話全般について，下記(ii)～(v)に記載する事項を含めその統括を行い，建設的な対話が実現するように目配りを行う経営陣または取締役の指定
> (ii) 対話を補助する社内のIR担当，経営企画，総務，財務，経理，法務部門等の有機的な連携のための方策
> (iii) 個別面談以外の対話の手段（例えば，投資家説明会やIR活動）の充実に関する取組み
> (iv) 対話において把握された株主の意見・懸念の経営陣幹部や取締役会に対する適切かつ効果的なフィードバックのための方策
> (v) 対話に際してのインサイダー情報の管理に関する方策

Q-88　株主との対話の方法　補充原則5-1②

株主との対話には，どのような方法が考えられるでしょうか。

A

面談やHP等の媒体での情報発信に加えて，株主総会の場やIRイベントなどを複合的に検討しましょう。

解説

株主との対話を検討する場合には，面談やITを用いた情報発信といった対話の手法にのみ捉われず，株主との建設的な対話を実現するという効果に照らして環境整備を含めた対応を行うことが考えられます。実務的な対応として行われている株主との対話の例には以下のようなものがあります。

1．株主総会の活性化

　株主総会は，株主との対話において非常に重要な位置付けにあります。これまでも株主総会は経営幹部が出席し，基本的に株主と面談する形式で行われてきているため，コードが原則としている対話を実現する機会であると言えます。

　この株主総会において，多数の株主が参加できるよう，いわゆる集中日と言われる株主総会の開催が集中する日を避けて株主総会を開催したり，株主が参加しやすい会場を選択したりすることは，経営陣の生の声を株主総会の場で確認したい株主にとっては重要な施策であると考えられます。

　また，議決権行使の方法を工夫することも考えられ，郵送による議決権行使や電子投票の仕組みを整えておくことは，株主の意見を聞く上で重要なプラットフォームであると考えられます。

　さらに，招集通知についても郵送と合せてウェブサイト上にも公表することにより，総会書類提供をいち早く行うことや，英文の招集通知を遅滞なく作成することにより，外国人株主に対する配慮をしている会社もあります。

　このような取組みの結果，議決権行使比率が80％を大きく超えるような会社もあります。議決権行使比率など，具体的な数値目標を掲げて具体的な取組みを進めていくことは，社内で取組みを進めていく上で効果がわかりやすい面があるのではないかと考えられます。

2．IR（Investor Relations）/SR（Shareholder Relations）活動

　広く投資家一般に対する広報活動としてのIR，株主との対話に力点をおいたSRを活発に行うことも株主との対話を考えていく上で，重要な取組みになっていくことが考えられます。

　この取組みには，信託銀行名義・株式保管銀行（カストディアン）名義の場合の実質株主（機関投資家など）を定期的に調査することも含まれると考えられます。また，各種の株主向けの各種広報イベントや工場見学会などを開催している事例も見受けられます。

Q-89 株主への情報提供における留意点　補充原則5-1②

建設的な対話に積極的な株主に対してはより一層の情報開示を行い、持続的な成長と中長期的な企業価値の向上を促すべきではないでしょうか。

A

一部の株主にだけに特定の情報が提供されることとならないように留意する必要があります。

解 説

株主との建設的な対話に必要な情報開示についても予め定められた方針・手順に沿った対応をすることが期待されていると考えられます。すなわち、建設的な対話に積極的な株主から個別に面談の申し込みがあったからといって、その時に時間的余裕がある役員がその場しのぎで持ち回りの対応をするようなことがないよう、定められた手順に基づく組織的な対応が必要であるという当然の所作が求められていると考えられます。

情報開示の目的が株主との建設的な対話、というところにある点からすれば、対話に積極的な株主に対しては積極的な開示によって企業も応対し、対話を促進することも考えられますが、インサイダー情報の管理に関する方策を定めることによって、一部の株主だけが投資意思決定に有利な情報を提供されることがないような仕組みを設けることが求められます。したがって、株主との建設的な対話の基礎となる情報開示は、このような情報管理方策のバランスのもとで活発に行われるべきものと考えられます。

> 補充原則5−1③
> 上場会社は、必要に応じ、自らの株主構造の把握に努めるべきであり、株主も、こうした把握作業にできる限り協力することが望ましい。

Q-90　自社の株主構造の把握　補充原則5−1③

上場会社は、必要に応じ、自らの株主構造の把握に努めるべき、とありますが、どの程度対応すればよいのでしょうか。

A

実質株主の把握には一定の困難が伴いますが、外部の調査会社の利用等も考慮してみましょう。

解 説

投資部門別の株主保有状況は、過去、生命保険会社・損害保険会社や銀行が存在感を示していましたが、近年ではこれらの金融機関による株式の直接保有比率は下落し、代わりに外国法人等の存在感が増しています。また、信託銀行名義・株式保管銀行（カストディアン）名義の保有も生命保険会社・損害保険会社や銀行と入れ替わる形で保有比率が上昇しています。このように、現在の日本の株式市場は、実質株主が海外に居住していたり、株主名簿に掲載されていない機関投資家だったりすることで、自社の株主構造が非常にわかりにくくなっています。

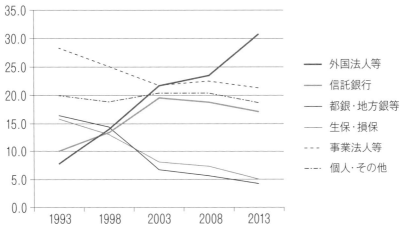

【投資部門別株式保有比率】

出所：日本取引所グループウェブサイトより筆者がグラフ形式に加工。

　したがって，建設的な対話を進めるに際し，まずは実質的な株主を特定する必要があり，各企業は実質株主を特定する外部サービスを利用したり，自ら調査に乗り出したりしているのが現状です。外部サービスの利用は多額の費用がかかり，自社による調査を実施するにしても多大な労力が必要ですが，株主の期待に応えるための経営を行うためには必要経費と考え継続的に実施することが望まれます。

　なお，株式を発行している企業のみならず，機関投資家などの協力も不可欠であることから，コーポレートガバナンス・コードでは，株主構造の把握を行うために株主に対する協力が要請されています。このようなコードの要請を踏まえ，機関投資家に事前ファイリング（一定の情報の登録）を要請し，定期的にアップデートすることを予定している会社もあります。

> 【原則5-2．経営戦略や経営計画の策定・公表】
> 　経営戦略や経営計画の策定・公表に当たっては，収益計画や資本政策の基本的な方針を示すとともに，収益力・資本効率等に関する目標を提示し，その実現のために，経営資源の配分等に関し具体的に何を実行するのかについて，株主に分かりやすい言葉・論理で明確に説明を行うべきである。

Q-91 経営戦略や経営計画の策定・公表にあたり留意すべきこと
原則5-2

株主との対話のベースとなる経営戦略や経営計画の策定・公表にあたって，強調されているのはどのようなことでしょうか。

A

　株主に対して訴求力のある経営戦略・経営計画の策定が求められています。自社の経営戦略との関連で定量的な目標を提示し，わかり易い言葉で説明を行うことが期待されています。

解　説

　株主の要求利回りである資本コストを満たす収益をどのような手順で獲得するかということを説明するために，①収益計画や資本政策の基本的な方針，②収益力・資本効率等に関する目標，③目標実現のために経営資源の配分等に関し具体的に何を実行するのか，という三つの要素は，それぞれ独立して存在するものではなく，首尾一貫したものになっている必要があると考えられます。

　収益計画や資本政策の基本的な方針は，短期的なものではなく，企業の持続的な成長と中長期的な企業価値の向上を念頭においたものである必要があります。収益力・資本効率等に関する目標は，定性的な説明のみならず，たとえばROEや営業利益率といった定量的なものが期待されていると考えられます。

その上で，そのような定量目標を達成するための具体的な経営資源（ヒト・モノ・カネ）の配分が合理的に説明されることにより，経営戦略や経営計画が株主に伝達されることが期待されていると考えられます。

　ちなみに，コード原案の策定の過程で，有識者会議では，政策保有株式を引き合いに，投資家は，企業の株式投資を期待してその企業に投資している訳ではない，という前提に立てば，経営資源の配分に関する説明をする際には，政策保有株式の保有目的を定性的に説明するのでは不十分という意見[1]もありました。すなわち，収益計画や資本政策の基本的な方針の中で，たとえばROE，営業利益率といった収益力・資本効率に関する数値目標を用い，政策保有株式の保有とはどのような意味を有するのか定量的に説明することが重要である，という意見といえます。

　なお，経営を巡って株主との対話が活発に行われた2015年3月の大塚家具の株主総会では，ある議決権行使助言会社が「経営陣の中期経営計画は，十分な根拠を有し，自社のビジネスモデルの弱点に的確に対処し，国内家具市場の変化に対応できるように構築されたものである。」との評価を公表しました[2]。この評価の対象となった中期経営計画[3]には，中長期におけるROEの目標，DOE（Distribution Of Earnings：株主資本配当率）に関する方針と同時に，これまでの高級志向からの脱却等を通じた計画達成が説明されていました。結果として，この経営陣の中期経営計画が支持される形となりましたが，株主に対して訴求力のある経営計画を立案することの重要性を示す一例であると考えられます。

1　第3回有識者会議議事録　小口メンバー。
2　「第44回定時株主総会におけるグラスルイス社（Glass Lewis & Co., Ltd.）による会社側役員選任議案への賛成推奨および株主提案議案への反対推奨について」（株式会社大塚家具）（2015年3月16日）。
3　「中期経営計画の策定に関するお知らせ」（株式会社大塚家具）（2015年2月25日）。

参考資料1　英国，フランス，ドイツのコーポレートガバナンス・コード

	英　国	フランス	ドイツ
名　　称	UK Corporate Governance Code	Code de gouvernment d'entreprise des sociétés cotées	Deutscher Corporate Governance Kodex
設定年	1998年	2008年	2002年
改訂年月	2014年9月	2013年6月	2015年6月
改訂頻度	2年毎に見直し	必要に応じて見直し	毎年見直し
設定主体	財務報告評議会（FRC[1]）	フランス私企業協会（Afep[2]）およびフランス企業連盟（Medef[3]）	ドイツ　コーポレートガバナンス政府委員会[4]
対象会社	EU規制市場で株式が取引される会社で金融行為監督機構（FCA[5]）のプレミアム上場規則適用の発行体	EU規制市場で証券の取引が認められる会社	EU規制市場で証券が取引される株式会社等（AktG[6]，161(1)による）
構　　成	・主要原則 ・補助原則 ・各則	・勧告	・勧告 ・提案
開　　示	FCAの上場規則によって開示が要求される	商法典によって開示が要求される	株式法（AktG），商法（HGB[7]），Kodexによって開示が要求される

	英　国	フランス	ドイツ
コード適用状況のモニタリング	FRCがスチュワードシップ・コードの適用状況と合わせて，年次でコーポレートガバナンス・コードの適用に関するモニタリングを実施し，報告書を公表	フランス金融市場庁（AMF[8]）が年次で適用状況の実施報告書を公表（適用・開示が不十分な企業を公表）さらに，2014年から，Afep-Medefの上級委員会が独自の年次レビューを開始	規制当局による正式な適用状況のモニタリング結果の報告書は特になし 大学研究機関の調査結果が学術論文として公表
中小規模上場会社への配慮	FTSE350以外の上場会社については一定の緩和措置がコード上，明示 FTSE350以外とは，ロンドン証券取引所に上場する会社のうち，時価総額上位350位以外の会社	中小規模上場会社向けのMiddlenextコードあり 中小規模上場とは，株式の時価総額が10億ユーロ未満で，ユーロネクスト・パリ市場のコンパートメントB（中規模）またはC（小規模）に属する会社	‒

1　Financial Reporting Council（略：FRC）
2　Association française des entreprises privées（略：Afep）
3　Mouvement des entreprises de France（略：Medef）
4　Regierungskommission Deutscher Corporate Governance Kodex
5　Financial Conduct Authority（略：FCA）
6　Aktiengesetz（略：AktG）
7　Handelsgesetzbuch（略：HGB）
8　Authorité des Marchés Financiers（略：AMF）

	日　本	英国のコード （2014年9月）	フランスのコード （2013年6月）
取締役会	【コード（原則4-8）】 取締役会については，独立社外取締役を少なくとも2名以上，もしくは，自主的な判断により少なくとも3分の1以上選任 【東証】 「企業行動規範」の「遵守すべき事項」において独立役員（取締役又は監査役）を1名以上確保を規定	FTSE350→少なくとも半数（取締役議長を除く）の取締役会が独立取締役と判断した非業務執行取締役 FTSE350以外→少なくとも2名の独立非業務執行取締役 （B.1.2.）	支配株主のいない株式分散所有型の会社 →少なくとも半数の独立取締役 支配株主型の会社 →少なくとも3分の1の独立取締役 （9.2.）
監査委員会	【会社法（400条1～3項）】 指名委員会等設置会社 社外取締役が委員の過半数（取締役3名以上で組織） 【会社法（改正法331条3項，6項）】 監査等委員会設置会社（監査等委員会） 過半数は社外取締役でいずれも非業務執行者（取締役3名以上で組織）	FTSE350→少なくとも3名の独立非業務執行取締役 FTSE350以外→少なくとも2名の独立非業務執行取締役 （取締役会議長が就任時に独立取締役であれば委員長以外の委員への就任可） （C.3.1.）	少なくとも3分の2の独立取締役 （従業員株主代表の取締役および従業員代表の取締役を除く。） 業務執行取締役は含めてはならない （16.1.）

参考資料2　取締役会，委員会における独立取締役数等

	日 本	英国のコード（2014年9月）	フランスのコード（2013年6月）
指名委員会	【会社法（400条1～3項）】 指名委員会等設置会社 社外取締役が委員の過半数（取締役3名以上で組織）	過半数は独立非業務執行取締役 （B.2.1.）	過半数は独立取締役 委員長は独立取締役 CEOは議事に関与可能（17.1.）
報酬委員会	【会社法（400条1～3項）】 指名委員会等設置会社 社外取締役が委員の過半数（取締役3名以上で組織）	FTSE350→少なくとも3名の独立非業務執行取締役 FTSE350以外→少なくとも2名の独立非業務執行取締役 （取締役会議長が就任時に独立取締役であれば委員長以外の委員への就任可） （D.2.1.）	過半数は独立取締役 委員長は独立取締役 業務執行取締役は含めてはならない （18.1.）

参考資料3　取締役の独立性要件比較

	日本(注)	英国のコード (2014年9月)	フランスのコード (2013年6月)
従業員・役員関係	【コード（原則4-9）】金融商品取引所が定める独立性基準を踏まえて会社が独立性判断基準を策定・開示	（過去5年以内）当該会社またはグループ会社の従業員（B.1.1.）	（現在または過去5年間）当該会社の従業員，業務執行取締役もしくは親会社またはそのグループ会社の従業員，取締役（9.4.）
	【東証】「上場管理等に関するガイドライン」において（現在または最近）当該会社または当該会社の親会社または兄弟会社の業務執行者(a)		
取引関係等	【コード（原則4-9）】同上	（過去3年以内）直接ビジネス上の関係がある，または，重要な関係を有する団体のパートナー，株主，取締役または幹部（B.1.1.）	重要な顧客，納入業者，金融機関（9.4.）
	【東証】「上場管理等に関するガイドライン」において（現在または最近）当該会社を主要な取引先とする者，もしくはその業務執行者，または当該会社の主要な取引先もしくはその業務執行者(b)		

	日本(注)	英国のコード （2014年9月）	フランスのコード （2013年6月）
追加報酬	【コード（原則4-9）】 同上 【東証】 「上場管理等に関するガイドライン」において （現在または最近） 役員報酬以外に多額の金銭等を得ているコンサルタント，会計専門家等(c)	役員報酬以外の追加報酬の受領（過去又は現在），ストックオプション等の付与，年金制度への加入 （B.1.1.）	（過去5年以内） 外部会計監査人 （9.4.）
親族関係	【コード（原則4-9）】 同上 【東証】 「上場管理等に関するガイドライン」において （現在または最近） 前述の(a)～(c)に該当する者の近親者（二親等内の親族） 当該会社またはその子会社の業務執行者の近親者	会社顧問，取締役または幹部職員の近しい親族関係 （B.1.1.）	業務執行取締役との間の近親関係 （9.4.）
相互就任関係	―	取締役の相互就任もしくは他の取締役との重要な連携関係 （B.1.1.）	取締役の相互就任関係（15.）

	日本（注）	英国のコード（2014年9月）	フランスのコード（2013年6月）
大株主	【コード（原則4-9）】同上	重要な株主（B.1.1.）	保有株式数または保有議決権が10%超（9.4.）
	主要株主である場合は独立役員と判断する理由を開示することが必要（開示加重要件）		
継続就任期間	—	9年以上（B.1.1）	12年以上（9.4.）

注：
　コード原案【4-9】では，金融商品取引所が定める独立性基準を踏まえて会社が独立性判断基準を策定・公表すべきであるとされている。ここでは，東証の「上場管理等に関するガイドライン」から抜粋している。いずれも独立性要件を満たさない場合が示されている。さらに，上記独立性要件について，現在または最近ではないが，過去において該当する場合は，開示加重要件となっている。この場合の「過去」とは過去10年間に限定するものではない。

参考資料4　取締役の兼務について

	日本のコード （2015年6月）	英国のコード （2014年9月）	フランスのコード （2013年6月）
兼務の上限	取締役・監査役が他の上場会社の役員を兼務する場合には，その数は合理的な範囲にとどめるべき。兼務の状況は毎年開示すべき。（補充原則4-11②）	業務執行取締役：FTSE100会社の2社以上の非業務執行取締役か，FTSE100会社の取締役会議長の兼務に取締役会は同意すべきでない（B.3.3.）	業務執行取締役：グループ外の他の上場会社（外国会社含む）の取締役職を二つ以上就くべきではない（19.）
			非業務執行取締役：グループ外の上場会社（外国会社含む）の取締役職を四つを超えて兼務すべきではない（19.）

参考資料5　取締役会の実効性評価比較

	日本のコード（2015年6月）	英国のコード（2014年9月）	フランスのコード（2013年6月）
評価対象	・取締役会全体 ・個々の取締役	・取締役会 ・その委員会 ・個々の取締役 （B.6.1.）	・取締役会 ・個々の取締役 （10.2.）
評価方法	毎年，各取締役の自己評価なども参考にしつつ，取締役会全体の実効性について分析・評価を行い，その結果の概要を開示すべき （補充原則4-11③）	・FTSE350→年次の業績評価に加えて，少なくとも3年毎に外部評価を実施。外部評価の会社との関係を開示（B.6.2.） ・FTSE350以外→年次の業績評価を実施（B.6.） ・業績評価がどのように実施されたのか，年次報告書にて開示（B.6.1.）	・1年に1度：運営方法を自己評価 ・3年に1度：正式な外部評価 ・実施した評価や結果として講じた措置について，年次報告書で開示すべき（10.3.）

参考文献

- 経済産業省 「持続的成長への競争力とインセンティブ～企業と投資家の望ましい関係構築～」プロジェクト（伊藤レポート）最終報告書 平成26年8月
- 財務報告評議会（FRC）"What constitute an explanation under 'comply or explain'" 2012年2月
- 国際統合報告フレームワーク日本語訳（IIRC） 2014年3月
- 商事法務 No. 2062～2065 「コーポレートガバナンス・コード原案」の解説［Ⅰ］～［Ⅳ・完］ 油布志行ほか 2015年3月15日，3月25日，4月5日，4月15日
- 商事法務 No. 2064 コーポレートガバナンス・コードを踏まえた株主総会対応 三笘裕ほか 2015年4月5日
- 商事法務 No. 2066～2068 コーポレートガバナンス・コードへの対応に向けた考え方［Ⅰ］～［Ⅲ・完］ 澤口実ほか 2015年4月25日，5月5日，5月25日
- あらた監査法人 統合報告を見据えた企業情報開示の課題と挑戦～日本と英国の調査結果からの示唆～日本語版 2014年11月
- あらた監査法人 株式会社東京証券取引所委託調査報告書 コーポレートガバナンス・コード等に関する海外運用実態調査～英国，フランス，ドイツ，シンガポール，米国～ 2014年12月29日

Centre for Corporate Governance in Japan

PwCあらた監査法人では，コーポレートガバナンス・コードの導入を契機に，専門チームを立ち上げました。2014年8月から2015年3月までに開催された金融庁と東京証券取引所を共同事務局とする「コーポレートガバナンス・コードの策定に関する有識者会議」に際しては，海外のコーポレートガバナンス・コードの実態調査を実施しました。現在はさまざまな上場企業に対して，コーポレートガバナンス・コード対応の初期診断，役員勉強会，取締役会等の自己評価支援，ガバナンス開示支援等の幅広いサービスを提供するとともに，海外途上国におけるコーポレートガバナンス・コード導入支援業務等も行っています。さらに，日本のコードの解説や海外のガバナンス事例の紹介などのセミナー，雑誌寄稿等などの活動を行っています。
お問い合わせ先：aarata.cg@jp.pwc.com

《執筆者紹介》

小林　昭夫
国内外の企業に対して監査およびアドバイザリー業務を提供。1993年から1996年までシンガポールに駐在。2006年よりあらた監査法人パートナー就任，現在に至る。上場企業の会計監査に加えて，国内・海外の株式上場（IPO）支援や国際財務報告基準（IFRS），米国会計基準（US GAAP）などのコンバージョン支援業務などを広く提供。エネルギー業界および関連の会計処理に精通している。公認会計士。公認不正検査士。

岡本　晶子
製造業を中心に，国内上場企業及び外資系企業の財務諸表監査，内部統制監査に従事した後，国際財務報告基準（IFRS）の導入，内部監査，決算早期化等の会計アドバイザリー業務，コーポレートガバナンス・コードの導入支援を担当。公認会計士。

宇塚　公一
金融業を中心に，国内上場企業及び外資系企業の財務諸表監査，内部統制監査に従事した後，金融庁に出向（2011年7月から2012年6月まで企業開示課課長補佐）。帰任後は，金融規制対応，国際財務報告基準（IFRS）の導入等のアドバイザリー業務を担当。公認会計士。

手塚　大輔
国内企業および外資系企業に財務諸表監査，内部統制監査等を提供。監査業務に加えて，国際財務報告基準（IFRS）ならびに米国会計基準（US GAAP）に関する会計アドバイザリーサービスを提供している。2004年から2006年までPwC米国ボストン事務所に赴任。公認会計士。

平岩　修一

自動車やテクノロジー・情報通信産業を中心に，米国証券取引委員会（SEC）登録企業の財務諸表監査，内部統制監査および会計アドバイザリー業務に従事。2010年から2013年までPwC米国（ケンタッキー州）に駐在し，主に日本の在米現地法人に対する監査サービスを提供。帰任後は，国内上場企業の監査や国際財務報告基準（IFRS）の導入等のアドバイザリー業務を担当。公認会計士。

島袋　信一

小売業，製造業，サービス業を中心に，金融商品取引法に基づく財務諸表監査および内部統制監査や会計アドバイザリー業務に従事。2011年から2014年までPwC英国法人ロンドンオフィスに駐在し，主に日本の在英現地法人に対する監査サービスを提供。帰任後は，国内上場企業の監査や国際財務報告基準（IFRS）の導入等のアドバイザリー業務を担当。公認会計士。

阿部　環

情報通信産業を中心に，国内及び外資系企業の財務諸表監査，内部統制監査に従事した後，2008年PwCフランス法人パリ事務所へ赴任。フランスにて自動車産業，証券取引所の監査業務を行う。2014年帰国後，外国企業上場のための監査業務およびフランス企業関連業務を担当。米国公認会計士。

北尾　聡子

国内外企業及び国際会計基準（IFRS）適用外資系企業の監査，内部統制監査業務に従事。国際会計基準（IFRS）導入支援業務及び米国基準（US GAAP）の財務諸表作成支援業務等を多数担当し，開示全般を専門分野としている。現在は主にコーポレートガバナンス・コード導入支援業務を担当。公認会計士。公認不正検査士。

足立　順子

小売業，製造業等の国内上場企業の金融商品取引法および会社法監査業務，外資系企業の監査業務のほか，金融商品取引法に基づく財務報告に係る内部統制監査（J-SOX）支援業務や株式上場（IPO）支援業務等への従事経験がある。現在は，主に財務報告アドバイザリー業務を担当。公認会計士。

《編者紹介》
PwCあらた監査法人

PwCあらた監査法人は，卓越したプロフェッショナルサービスとして監査を提供することをミッションとし，世界最大級の会計事務所であるPwCの手法と実務を，わが国の市場環境に適した形で提供しています。さらに，国際財務報告基準（IFRS）の導入，財務報告にかかわる内部統制，また株式公開に関する助言など，幅広い分野でクライアントを支援しています。

PwC Japanとは

PwC Japanは，日本におけるPwCグローバルネットワークのメンバーファームおよびそれらの関連会社（PwCあらた監査法人，京都監査法人，プライスウォーターハウスクーパース株式会社，PwC税理士法人，PwC弁護士法人を含む）の総称です。各法人は独立した別法人として事業を行っています。

複雑化・多様化する企業の経営課題に対し，PwC Japanでは，監査およびアシュアランス，ディールアドバイザリー，コンサルティング，税務，そして法務における卓越した専門性を結集し，それらを有機的に協働させる体制を整えています。また，公認会計士，税理士，弁護士，そのほか専門スタッフ約5,000人を擁するプロフェッショナルサービスネットワークとして，クライアントニーズにより的確に対応したサービスの提供に努めています。

PwCは，社会における信頼を築き，重要な課題を解決することをPurpose（存在意義）としています。私たちは，世界157カ国に及ぶグローバルネットワークに208,000人以上のスタッフを有し，高品質な監査，税務，アドバイザリーサービスを提供しています。詳細はwww.pwc.comをご覧ください。

©2015 PricewaterhouseCoopers Aarata. All rights reserved.
PwC refers to the PwC network member firms and/or their specified subsidiaries in Japan, and may sometimes refer to the PwC network. Each of such firms and subsidiaries is a separate legal entity. Please see www.pwc.com/structure for further details.
This content is for general information purposes only, and should not be used as a substitute for consultation with professional advisors.

コーポレートガバナンス・コードの実務対応 Q&A

2015年12月25日　第1版第1刷発行

編　者	PwCあらた監査法人
発行者	山　本　憲　央
発行所	㈱中央経済社

〒101-0051　東京都千代田区神田神保町1-31-2
電　話　03（3293）3371（編集部）
　　　　03（3293）3381（営業部）
http://www.chuokeizai.co.jp/
振替口座　00100-8-8432
印　刷／東光整版印刷㈱
製　本／㈱関川製本所

©2015
Printed in Japan

＊頁の「欠落」や「順序違い」などがありましたらお取り替えいたしますので小社営業部までご送付ください。（送料小社負担）

ISBN978-4-502-17271-7 C3034

JCOPY〈出版者著作権管理機構委託出版物〉本書を無断で複写複製（コピー）することは，著作権法上の例外を除き，禁じられています。本書をコピーされる場合は事前に出版者著作権管理機構（JCOPY）の許諾を受けてください。

JCOPY〈http://www.jcopy.or.jp　eメール：info@jcopy.or.jp　電話：03-3513-6969〉

2015年1月1日現在の基準書・解釈指針を収める
IFRS財団公認日本語版！

国際財務報告基準
IFRS® 2015

IFRS財団 編　企業会計基準委員会　監訳
　　　　　　　公益財団法人 財務会計基準機構

中央経済社刊　定価17,280円（分売はしておりません）B5判・4000頁
ISBN978-4-502-15861-2

IFRS適用に必備の書！

●**唯一の公式日本語訳・最新版**　本書はIFRSの基準書全文を収録した*International Financial Reporting Standards 2015*の唯一の公式日本語翻訳。2010年3月決算より、国際財務報告基準（IFRS）の任意適用がスタートしたが、わが国におけるIFRS会計実務は、日本語版IFRSに準拠することとなっているので、IFRS導入に向けた準備・学習には不可欠の一冊である。

●**使いやすい2分冊**　2010年版から英語版の原書が2分冊となったため、日本語版もPART AとPART B 2分冊の刊行となっている。各基準書の本文をPART Aに収録し、「結論の根拠」「設例」などの「付属文書」をPART Bに収録。基準書本文と付属文書の相互参照も容易となっている。

●**最新の基準と最新の翻訳**　収益認識（IFRS第15号）や金融商品（改訂IFRS第9号）等を収録したほか、2015年1月1日までの基準・解釈指針の新設・改訂をすべて織り込む。また、とくに改訂がなかった基準も、より読みやすい日本語訳を目指して訳文を見直した。IFRSの参照に当たっては、つねに最新の日本語版をご覧ください。

中央経済社
東京・神田神保町1
電話 03-3293-3381
FAX 03-3291-4437
http://www.chuokeizai.co.jp/

収録内容
国際財務報告基準（IFRS）
国際会計基準（IAS）
解釈指針（IFRIC・SIC）
概念フレームワーク ほか
　PART A収録
結論の根拠・適用ガイダンス・設例
用語集・索引ほか
　PART B収録

▶価格は税込みです。掲載書籍は中央経済社ホームページ http://www.chuokeizai.co.jp/ からもお求めいただけます。

中央経済社